あなたにもできる！

素敵な
フレンチのごちそう

アトリエ・イグレック　塚本 有紀

写真／宮田 昌彦

旭屋出版

はじめに

　フランス料理とお菓子のおいしさと美しさに魅せられてから、はや20年以上が経ちました。お菓子を学びに行ったパリで「ついでに」と始めた料理に、これほど足を取られるとは思ってもみませんでした。おいしいものの世界に存在する蟻地獄に落ちてしまったようです。

　わあぁ、おいしい！　新しい味に出会うたびに、作り方を知りたいと、震えるような思いでした。すくむような気持ちで見ていた料理やお菓子が自分で作れるようになった日の喜びといったらありません。思いがけず上手にできた日の心浮き立つ思いは今も覚えています。

　いま、教室でフランス料理の作り方をご紹介しながら、私が考えていることは、結局は目の前にいる人達を「わあぁ！」と驚かせたいということ。あの日の私のように、「おいしかった、楽しかった！」と少しでも思ってもらえたらうれしいのです。そして教室をするうちに、数限りない失敗や成功体験を通して、だんだんとほんの小さな「コツ」や落とし穴も見えてきました。

　この本では私があなたの案内役！　小さな手助けをしていきますから、気軽にお家でフランス料理に挑戦してみてください。必ずできるようになります！

　フランスでは食事は基本的に前菜、メイン、デザートの3皿で構成されます。もちろん家庭でも同じ。この本でもアペリティフに始まり3皿の順に並べていますが、どれかを大皿に作ってパーティーメニューにしても、テーブルにいろいろ並べてビュッフェスタイルにしてしまってもOK。自由に組み立ててみてください。

　さあ、一緒に作ってみましょう。パンとワインを買って、お家へ！

アトリエ・イグレック　塚本　有紀

CONTENTS

はじめに … 5

フランス料理のポイント
1 ハーブ … 8
2 スパイス … 10
3 料理方法 … 12

APÉRITIFS
アペリティフで乾杯！ …17

18 イポクラス / バスク風リモナード
19 サングリア / 白サングリア
20 ジンジャーエールのアペリティフ
21 赤と白のヴァン・ショー /
　　ホットオレンジジュース
22 ころころポテト
23 じゃがいもの冷製オムレツ
　　ラタトゥイユ・オムレツ
24 プチ・フール・サレ
　　（アンチョビとチーズのぐるぐる、
　　ミニクロワッサン、スティック）
25 塩味のアーモンド
26 シュー入りチーズシュー
28 じゃがいものデュシェス
29 [応用] じゃがいものプチ・クロケット3種
30 ブルーチーズケーキ
31 ピクルス
32 リエット
34 サーモンのリエット / さばのリエット
35 フロマージュ・ブランのディップ

ENTRÉES
前菜は、食事の入り口 …37

38 新玉ねぎのスープ /
　　えんどう豆のスープ、カプチーノ仕立て
39 焼き野菜のサラダ、トマトのジュレを添えて
40 カラフルトマトのサラダ
41 きゅうりのサラダ / ポワローのマリネ
42 アスパラガスのグラタン
43 きのこのフリカッセ
44 ラタトゥイユ
46 お米のサラダ
47 鶏とトマトのクスクスサラダ
48 ニース風サラダ、手作りまぐろのコンフィで
49 自家製あつあつオイルサーディン
50 帆立のマリネ、2つのスタイルで
　　（焼き帆立マリネ、玉ねぎソースで /
　　マヨネーズと粒マスタードのマリネ）
51 贅沢魚介のサラダ、パリ風じゃがいもサラダと
52 野菜のファルシー（ピーマンのファルシー /
　　トマト・プロヴァンサル）
54 タルト・サレ（3色野菜のタルト /
　　じゃがいもとシェーヴルのタルト）
56 テリーヌ・ド・カンパーニュ

PLATS

主菜は食事の主役、ゆっくり堪能 …59

- 60 スズキのポワレ
- 62 まぐろのバスク風
- 63 鶏胸肉のコルドン・ブルー
- 64 鶏のフリカッセ
- 66 鶏の栗詰めの塩釜
- 68 ミニシュー・ファルシーのブレゼ（蒸し煮）
- 70 スペアリブの蜂蜜ラッケ
- 71 ポテ
- 72 豚肉とレンズ豆の簡単煮込み
- 73 豚のブレゼ、粒マスタード風味
- 74 牛肉の赤ワイン煮込み
- 75 牛肉のランプステーキ

DESSERTS

締めくくりは、デザートあればこそ …77

- 78 いちごとシャンパーニュ
- 79 ライムとパイナップルのグラスデザート
- 80 リモナード・グラッセ
  ※ソルベの作り方
- 81 トロピカルフルーツ、バナナ風味のカプチーノ仕立て
- 82 ヨーグルトのデザート、マンゴーのコンポート添え
- 83 ブラン・マンジェ
- 84 ウッフ・ア・ラ・ネージュ、キウイのスープで
- 85 バナナのロースト／パイナップルの蜂蜜ロースト、ヴァニラアイス添え
- 86 赤い果物のクランブル
  ※アイスクリームの作り方
- 87 ココナツのロシェ
- 88 ヨーグルトのケーキ
- 89 りんごのキャラメル・フラン
- 90 ガトー・オ・ショコラ
- 91 アール・グレイ風味のクレーム・カラメル
- 92 スパイス香る、洋梨のコンポート
- 93 チョコレートアイスのオーモニエール
- 94 ◎マヨネーズ　◎ヴィネグレット
- 95 ◎鶏のフォン

フランス料理のポイント 1
HERBE
ハーブ（仏 herbe エルブ）

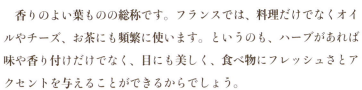

　香りのよい葉ものの総称です。フランスでは、料理だけでなくオイルやチーズ、お茶にも頻繁に使います。というのも、ハーブがあれば味や香り付けだけでなく、目にも美しく、食べ物にフレッシュさとアクセントを与えることができるからでしょう。
　急な時などには、あえて、なくてもかまいません。けれど、もし添えられれば、はるかに味覚の世界が広がります。
　さらに、ハーブを潰してピュレやソースにしたり、ハーブだけのサラダもあり、素材として重要な役割を果たすこともあります。

フランス料理のポイント 2
EPICE
スパイス（仏 epice　エピス）

　スパイスとは、食べ物に芳香や辛味を与えたり、食材の臭みを消すなどの目的で料理に使われる植物の総称で、種、果実、葉や茎（つまりハーブはスパイスの一種ということ）、花や蕾、根っこ、樹皮などさまざまな種類があります。もともとハーブしかなかったヨーロッパに、古代エジプト、古代ローマに始まり、イスラム文化圏、東南アジア、新大陸などと、実にたくさんの地域からスパイスが入ってきました。
　この本にもたくさんのスパイスが出てきますが、好きなものだけで作っても大丈夫。どんどん挑戦して、ご自身のレシピを作り上げてください。

フランス料理のポイント 3

料理方法

本書では、レシピ中に以下の用語を使っています。このポイントをおさえれば、あなたの料理がフランス料理に仕上がります。

MARINER
マリネ

ワインなど液体に香味野菜、スパイスなどを加えて漬け汁とし、そこに素材を浸けることです。浸け込むことで①軟らかく煮ることができ、②よい香りが入り、③保存が利くという効果があります（P.48 ニース風サラダ、手作りまぐろのコンフィで）。硬い肉もワインに浸けることで軟らかく煮ることができます（P.74 牛肉の赤ワイン煮込み　ほか）。

もともとはラテン語の「海 mare」が語源で、海水に浸けることを指していたようです。よって「マリネ」とは肉、魚、野菜に対して使う言葉であり、果物には「マセレ」という別の言葉を使います（P.78　いちごとシャンパーニュ）。

SUER
シュエ

本来は汗をかく、にじみださせるという意味。つまり素材にゆっくりと火を入れることで、材料の旨味と水分を汗をかくようにしみださせることです。

上手にシュエするためには、①素材に塩をし、②弱火でじんわり火を入れることで水分と旨味を出させることが必要です。厚手の鍋なら、ひっきりなしにかき混ぜる必要はありません。

玉ねぎやエシャロットをシュエしたものは、ソースのベースとなったり、ファルス（具）になったりします（P.68 ミニシュー・ファルシーのブレゼ　ほか）。

ARROSER
アロゼ

火を通している材料に、液体（焼き汁、煮汁、油など）を回しかけることです。何度もアロゼすることでつやよく、しっとりと焼き上げることができます（P.75 牛肉のランプステーキ、P.85 パイナップルの蜂蜜ロースト ヴァニラアイス添え　ほか）。

DÉGLACER
デグラッセ

調理後の鍋にできた旨味を、液体(ワイン、水、ヴィネガーなど)で溶きのばすことです。ジュワーっという音と湯気が勢いよくあがり、美味しそうな香りが立ちこめます(P.64 鶏のフリカッセ ほか)。

この旨味の詰まった液体は、ソースや煮汁に入れて、余すところなく使い切ります。

余分な油脂は紙でふき取ってからの方がよいでしょう。

MONTER AU BEURRE
モンテ

ソースをバターで仕上げることです。具体的には、小さく冷たい角切りのバターを、泡立て器でかき混ぜながらソースに混ぜ入れて乳化させます。

大事なことは、冷たいバターであることと、泡立て器を使うこと。溶かしバターを混ぜるのとは明らかに違う結果になります。ソースには、つやととろみがでて、風味が増します(P.75 牛肉のランプステーキ)。

GLACER
グラッセ

つや煮にすることです。にんじんや大根、かぶなどをバターと砂糖を入れた水で煮て、最後にはつやっとした照りが付いた状態にします(P.68 ミニシュー・ファルシーのブレゼ ほか)。

なお、マロン・グラッセ marron glacé のグラッセは、また別の意味、「糖衣を着せる」から。

SAUTER ソテー

　そもそもソテー sauter とは、跳ねる、飛び上がるという意味です。高温の鍋の中で材料が飛び跳ねる様子から来ています。
　料理では小さめに切った材料を強火にかけて、焦がさないように揺すりながら炒めることを指します（P.43　きのこのフリカッセ、P.44　ラタトゥイユ）。

POÊLER ポワレ

　一般的にはフライパン（ポワル poêle）で火を入れることです。途中、アロゼ（P.12）しながら火を通します（P. 60 スズキのポワレ　ほか）。

BRAISER ブレゼ

　蒸し煮にすることです。鍋に材料が浸かりきらない少量の（半分以下）液体を入れて、香味野菜とともに蓋をしてオーブンで煮込みます。肉は香りよく、軟らかく仕上げることができます（P.68　ミニシュー・ファルシーのブレゼ、P.73　豚肉のブレゼ　粒マスタード風味）。

RÔTIR ロティ

　英語ではロースト、つまりオーブンで火を入れることです。ふんわり、ジューシーに仕上げることができます。
　温度と時間を設定したら、あとは手間いらず。それでも毎回、大きなブレなく仕上げることができる利点もあるのです。

PURÉE ピュレ

　火を入れてから、材料を裏ごしするかミキサーにかけたもの。野菜や果物が多いのですが、肉や魚もあります（P.39　焼き野菜のサラダ、トマトのジュレを添えて、P.70 スペアリブの蜂蜜ラッケ　ほか）。

CONFIT
コンフィ

　鴨肉なら脂肪煮、オレンジなら砂糖漬けと訳される名詞です。肉の場合は、それ自身の脂肪（つまり鴨なら鴨脂、豚なら豚の脂）の中で、ほろほろとした繊維状になるまで低温で長時間煮たものを指し、その脂の中で保存します。果物の場合は、徐々に糖度の高いシロップに漬けて水分をある程度抜いたもののことです。
　ともに「（保存のために）漬け込む confire」という言葉から来ていて、つまり「保存」が共通のキーワード。ちなみにジャム confiture も同じです。
　肉や果物の他には、魚（P.48 ニース風サラダ、手作りまぐろのコンフィで）、野菜（P.47 鶏とトマトのクスクスサラダ）もコンフィにします。

QUENELLE
クネル

　ドイツ語の「knödel」が語源で、肉のすり身と卵などを混ぜ、手、スプーン、絞り袋などで整形して、茹でてからオーヴンで焼いた料理のことです。
　アイスクリームやムースなどをクネルにするという場合は、スプーン2本で交互にすくい取ってラグビーボール状に整形した、独特の形のことも実際には指します（P.86 赤い果物のクランブル ほか）。

PETIT SALÉ
プチ・サレ

　豚肉（バラ、肩ロースなど）のブロック肉の塩漬けのことで、フランスではお肉屋さんに売られています。
　ポテ（P.71）やレンズ豆の煮込み（P.72）によく使われます。日本では売られていませんが、簡単なので、ぜひ自家製でお試しください。

APÉRITIFS

アペリティフで乾杯！

フランスにはアペリティフ apéritif（食前酒）という楽しい習慣があります。これから始まる食事により一層の期待を抱かせ、食欲を増進させる、心楽しい存在です。

いつしか教室でも試食の時間は、まずアペリティフとアミューズ・ブーシュ amuse-bouche（直訳でお口の楽しみ）からスタートするようになりました。それまですでにお腹が空いていた人も、ちょっと緊張気味だった人も、一気に気持ちがほぐれ、楽しい雰囲気に包まれます。

アペリティフは市販の製品の組み合わせでも十分ですが、一手間かけるとなお楽しくて、また招いた相手に「ようこそ！」の温かい気持ちを伝えられます。

APÉRITIF

Hypocras
イポクラス

ギリシャのヒポクラテスの処方から考案されたスパイス入りワインです。その原型は中世の頃。3日目くらいからぐんと香りがたってきます。

材料（ショットグラス 8〜10 杯分）

白ワイン　1/2 本（375㎖）
はちみつ　大さじ 1 と小さじ 1/2（25g）
クローヴ　1 個
シナモンスティック　1/2 本
スターアニス　1 個
ヴァニラのさや　1/2 本

作り方

1　白ワインにすべての材料を入れ、冷蔵庫で 1 週間ほど寝かせる。

Limonade basque
バスク風リモナード

リモナードとは、レモン入り飲み物のこと。フランスには 16 世紀にイタリアの清涼飲料職人がもたらしたそうです。夏のアペリティフに、冷たくしてどうぞ！

材料（ショットグラス
8〜10 杯分）

赤ワイン　150㎖
白ワイン　250㎖
レモン汁　大さじ 2 2/3（40㎖）
グラニュー糖　大さじ 2 1/2（30g）
レモンとライムの輪切り
　合わせて 5〜6 枚

作り方

1　ワイン、レモン汁、グラニュー糖を合わせてよくかき混ぜる。
2　かんきつ類の輪切りを浮かべ、数時間冷蔵庫に入れる。

* 白ワインだけでも作れます。
* かんきつ類の輪切りを半日以上ワインに漬けたままにすると渋みがでてくるので、途中で引き上げてください。
* ワインの渋みと酸の度合いによって、砂糖は加減してください。

Sangria
サングリア

フランスとスペインにまたがるバスク地方の夏のアペリティフです。赤ワインに柑橘類が定番ですが、赤ワインにいちごや白桃もよく合います！

材料（グラス8杯分）

赤ワイン（強め）　1本
グラニュー糖　大さじ4と小さじ1/2（50g）
a
　シナモンパウダー、こしょう　各適量
　ヴァニラのさや　1/2本
　クローヴ　1個
オレンジ　1個
りんご　1/2個
レモン汁　少々
いちご　10個
ラム　大さじ2 2/3（40ml）

作り方

1. 赤ワインにグラニュー糖とスパイスaを加え、泡立て器でかき混ぜて砂糖を溶かす。
2. いちごは半分に切り、オレンジは7～8mm厚のスライスに、りんごは皮と芯を取って7～8mm厚のスライスにし、レモン汁で色止めする。すべてを1に入れて混ぜる。
3. 冷蔵庫で半日ほど浸ける。
4. 好みでラムを加える。味を見て、足りなければ砂糖（分量外）を加える。

＊私はラムではっきりした味にしておいて氷で割るのが好きですが、逆にラムを抜いて炭酸水で割ってもさわやかです。

Sangria blanche
白サングリア

サングリアの名はスペイン語のsangre（血）からきているので、本来は赤ワイン。けれど白ワインバージョンもそろうと、もっと楽しくなります。

材料（グラス5杯分）

白ワイン　1/2本（375ml）
グレープフルーツの絞り汁　1/2個分（100ml）
グラニュー糖　大さじ4と小さじ1/2（50g）
a
　クローヴ　1個
　カルダモン　1個
パイナップル　約1/4個分（150g）
バナナ　小1本
グレープフルーツ　1/2個
ライム　1/4個
グラン・マルニエ　大さじ2（30ml）

作り方

1. 白ワインにグレープフルーツの絞り汁、グラニュー糖、スパイスaを加え、泡立て器でかき混ぜて、砂糖を溶かす。
2. 皮をむいてざく切りにしたパイナップル、バナナの輪切り、房切りにしたグレープフルーツを1に入れる。ライムは7～8mm厚のスライスにして浮かべる。
3. 軽く上下を返すように混ぜ、冷蔵庫で半日ほど浸ける。
4. 好みで、グラン・マルニエを加える。

APÉRITIF

Ginger ale
ジンジャーエールのアペリティフ

生姜でシロップを作って炭酸飲料で割るだけですが、きれいな色が出て、わぁっと歓声があがること、間違いなしです。新生姜で作ればなおさら美しい色が出ます。

材料（ショットグラス 20 杯分）

生姜　100g
水　120mℓ
グラニュー糖　大さじ 9 前後（約 110g）
レモン汁　大さじ 1 1/3（20mℓ）
スパークリングワイン（辛口）か炭酸水　適量

＊シロップに、乱暴にワインを注ぐと混じってしまいます。そっと、です。
＊シロップがぬるいと、写真のような色分けができないことがあります。しっかり冷やしてから使ってください。

作り方

1　生姜の皮をむく。新生姜なら皮は軽くこそげるのみでよい。
2　ざく切りにして水を加え、フードプロセッサーにかける。または、すり下ろしてもよい。
3　小鍋に入れて火にかけ、沸いたら弱火にして蓋をし、20 分ほど煮る。焦げないようにときどきかき混ぜる。
4　茶こしで漉し、水分を計量する。
　＊目安は 130 ～ 140g
5　煮汁の 80％ の重量の砂糖を加え、一煮立ちさせ砂糖を溶かす。
6　火を止め、レモン汁を加える。冷めたら冷蔵庫で十分に冷やす。
7　グラスに 6 のシロップを入れ、スパークリングワインをグラスに添わせるように静かに流し入れ、氷を浮かべる。シロップ 1 に対してスパークリングワイン 3 程度が目安。

APÉRITIF

Vin chaud et vin blanc chaud
赤と白のヴァン・ショー

Vin chaud（ホットワイン）は、アルザスの冬の風物詩。クリスマス・マルシェをそぞろ歩きするときに、冷えた身体を温めるために飲みます。基本的には赤ですが、白ワインのヴァン・ショーは、また別のおいしさが！

材料（グラス3杯分）

ワイン（赤あるいは白）　1/2本（375㎖）
グラニュー糖　大さじ3前後
シナモンスティック　1/2本
スターアニス　1個
クローヴ　1粒
ナツメグ　1つまみ
レモンの果皮　1/3個分
オレンジの果皮　1/2個分

作り方

1　すべての材料を鍋に入れ、火にかける。
2　沸いたら弱火で3～5分煮る。火を止め、蓋をして、コンロの上でそのまましばらく置く。
3　ざるで漉す。温め直して水、砂糖（分量外）で味を調整してから、温めておいたグラスに注ぎ入れる。
4　オレンジかライムのくし形切り（分量外）を添える。

＊強い赤ワインのときは少し水で薄め、砂糖を増やしてください。

Jus d'orange chaud
ホットオレンジジュース

同じくクリスマス・マルシェの屋台で売られます。アルコールは入っていなかったので、子ども用かもしれません。ここでは、アペリティフ用にちょっとお酒を入れてみました。

材料（ショットグラス8～10杯分）

オレンジジュース（100%）　350㎖
水　大さじ2 2/3（40㎖）
グラニュー糖　大さじ2 1/3（28g）
シナモンスティック　1本
スターアニス　1個
クローヴ　1粒
黒こしょう　少々
レモンの果皮　1/2個分
オレンジの果皮　2/3個分
グラン・マルニエ　大さじ2 2/3（40㎖）
＊ほかのオレンジ系のリキュールでも可

作り方

1　グラン・マルニエ以外の材料を鍋に入れ、火にかける。
2　沸いたら弱火で3～5分煮る。火を止め、蓋をしてそのままコンロの上にしばらく置く。
3　ざるで漉す。グラン・マルニエを加えて温め直してから、温めておいたグラスに注ぎ入れる。

＊強めの味がお好みの場合は、シナモンとスターアニスは手で割ってから入れてください。

AMUSE-BOUCHE

Pommes de terre rissolées
ころころポテト

日本でも様々なじゃがいもが出回るようになりました。この1品は、小粒の新じゃが、あるいは晩秋の源平いももぴったりです。ワインじゃなくて、断然ビールで！

材料（2人分）

新じゃが（小）　300g
植物油　適量
バター　1かけ
アンチョビ　3尾　＊アンチョビチューブなら大さじ1/2
パセリ（みじん切り）　大さじ1
塩、黒こしょう（挽き立て）　各適量

作り方

1. じゃがいもをよく洗い、皮ごと塩茹でする。9割方火が通ったらざるにあける。
2. アンチョビは包丁で細かく切り、十分に叩く。
3. フライパンに油を熱し、弱火にしてじゃがいもを入れ、ころがしながら火を入れる。
4. 火を止め、キッチンペーパーで余分な油を吸い取ってからバターを落とす。
5. アンチョビとパセリを加えて全体を混ぜ、黒こしょうを散らす。

＊おいしさのポイントはバターの量です。ちょっと多めに入れて、ふくよかさを出してください。
＊少し大きめのじゃがいもは半分に切り、断面を作ったほうがよりおいしく出来上がります。
＊写真は、ラット・ドゥ・トゥケ Ratte du Touquet という品種で作りました。

Omelette aux Pommes de terre
じゃがいもの冷製オムレツ

ハーブミックス「エルブ・ド・プロヴァンス」を使って、ちょっとプロヴァンス風のオムレツにしてみました。もっと手に入りやすいハーブ、バジルやパセリでもかまいません。

材料(小フライパン1台分)

じゃがいも　250g（正味）
パプリカ（赤＋黄）　40g
にんにく（みじん切り）　大さじ1
卵　8個
塩　小さじ2/3
エルブ・ド・プロヴァンス（タイム、ローリエ、ローズマリー、バジルなどのミックス）　2つまみ
オリーヴ油　適量

作り方

1. じゃがいもは皮をむき、7〜8mm厚にスライスする。塩を入れた熱湯で5分ほど茹でてざるに上げ、十分に水分をきる。
   ＊塩加減重要（なめてみて、軽く塩味を感じるレベルに）。
2. パプリカは5mm角に切り、さっと塩茹でする。
3. 卵を軽く溶き、塩、エルブ・ド・プロヴァンスを混ぜる。
4. フライパンをよく熱し、弱火にしてオリーヴ油、にんにくのみじん切りを入れ、香りをたたせる。
   ＊フランス料理では、にんにくに色は入れません。
5. 卵液を流し入れ、じゃがいもとパプリカを散らす。周囲が焼き固まったらへらで少しはずし、蓋をして弱火にするか、180℃のオーヴンで火を通す。
6. 15分ほどして中央までほぼ固まり始めていたら、蓋を使って上下を返す。

Omelette à la ratatouille
ラタトゥイユ・オムレツ

ラタトゥイユがもしも残ってしまったら？
ぜひ、オムレツに作り替えてみてください。

材料(小フライパン1台分)

ラタトゥイユ（P.44参照）　350〜400g
卵　7個
塩　小さじ1/2
オリーヴ油　適量

作り方

1. ラタトゥイユは水分が出ていたら、少々煮詰める。
2. ボウルに卵を溶き、塩をする。
3. フライパンをよく熱し、オリーヴ油を引く。卵液を流し入れる。
4. 卵液の中央以外の部分に、ラタトゥイユをスプーンで落とし入れる。
5. 周囲が焼き固まったら、へらで少しはずし、蓋をして弱火にするか180℃のオーヴンで火を通す。
6. 15分ほどして中央までほぼ固まり始めていたら、蓋を使って上下を返す。

＊オムレツの場合、塩加減は卵の重さの0.8〜0.9％が目安です。

Petits fours salés
プチ・フール・サレ

冷凍パイシートを使った簡単おつまみです。膨らみがちなので、薄く伸ばして使います。焼き色を強く入れすぎると、苦くなりますので、あっさりめに。仕上がりは、塩を詰めたポットに刺して。

アンチョビ　　　チーズ

Petits roulés aux anchois et au fromage
アンチョビとチーズのぐるぐる

材料（作りやすい分量）

冷凍パイシート
アンチョビ
牛乳
チェダー、ゴーダあるいは
　ミモレットチーズ（すりおろし）
ゲランドの塩の花
卵　　　　　　　　　　　　各適量

作り方

1. アンチョビは縦半分に切り、牛乳に20分ほどつけて塩抜きする。
2. 1〜2mm厚に伸ばしたパイシートを幅9mm×長さ12cmにカットし、アンチョビを置く。ゆるく巻き上げて楊枝で軽くとめる。
3. 2と同じ大きさに切ったパイ生地に卵を塗り、おろしたチーズとゲランドの塩を散らす。ゆるく巻き上げて楊枝でとめる。
4. 180℃のオーヴンで10〜15分焼く。

Mini croissants apéritifs
ミニクロワッサン

材料（作りやすい分量）

冷凍パイシート
ブロックベーコン
卵　　　　　　　　　　　　各適量

作り方

1. 1〜2mm厚に伸ばしたパイシートを底辺5cm、高さ10cmの二等辺三角形に切り、8mm角の棒状に切ったベーコン（スライスを積み重ねてもよい）を巻き上げる。
2. 表面に溶き卵を塗り、180℃のオーヴンで15分焼く。

AMUSE-BOUCHE

Bâtonnets feuilletés
スティック

材料（作りやすい分量）

冷凍パイシート
パルメザンチーズ（すりおろし）
タイム
卵　　　　　　　　各適量

作り方

1. アンチョビやチーズ用と同じ大きさのパイ生地に卵を塗り、パルメザンとタイムを散らし、ねじる。
2. 180℃のオーヴンで8分焼く。

Amandes salées
塩味のアーモンド

アーモンドを自分の好きな味にできるなんて、楽しいと思いませんか。スペイン産やシシリー産を使うとまた違った味わいに。乾燥ハーブやスパイスを活用してみてください。

材料（作りやすい分量）

アーモンド（ホール　アメリカ産）　200g
卵白　1個分
塩　小さじ1強（7g）

ゲランドの塩の花、黒こしょう、
　パプリカ（粉末）、カレー粉　　各適量

作り方

1. 熱湯にアーモンドを入れ、再沸騰したら、1粒取り出して皮がむけることを確認して、ざるにあける。皮をむき、水分をよくぬぐう。
2. 150℃のオーブンで20分ローストする。
   ＊軽く色づくまで。
3. 卵白を軽くほぐし、塩を加える。
   ＊表面に泡が残るので、泡立てない。
4. ここにアーモンドを入れて、混ぜる。ざるで余分の卵白を落とす。
5. 紙の上に取り出し、1粒ずつ離して置く。ゲランドの塩の花と黒こしょうを散らす。バリエーションとしてパプリカ粉末、カレー粉を振りかけてもよい。
6. 150℃のオーブンで5分ほど乾燥させる。途中で裏返すとなおよい。

プレゼントにも！

＊作った当日は若干希薄な味がしますが、翌日には塩アーモンドの味に。使う前日までに作って、密閉してください。
＊皮付きのままでもできます。

Petits choux fourrés
シュー入りチーズシュー

シュークリームのシューはフランス語でキャベツのこと。形が似ていることから名付けられました。この「シュー入りシュー」は、パリのレストランで出会った言葉遊びのような楽しい1品です。

材料（20個分）

シュー生地
牛乳　100mℓ
バター　40g
塩　小さじ1/3（2g）
小麦粉　60g
卵　S2個（100g）
グリュイエールチーズ　20g
＊ピザ用シュレッドチーズでも良い

ガルニチュール（中身）
キャベツ　適量
小海老　適量
マヨネーズ　適量
＊手作りマヨネーズはP.94を参照のこと。

作り方

1. 底の厚い鍋に牛乳、バター（小さく切ったもの）、塩を入れて火にかける。
2. バターが溶け、沸騰したら（a）いったん火を止め、小麦粉を一度に入れて混ぜる。木べらで手早くかき混ぜながら、30秒ほど中強火にかける（b）。
3. 生地が温かいうちにボウルに移し、卵を少しずつ入れる（c）。続いて粗くすり下ろしたチーズも混ぜる（d）。
4. 大きめの口金をつけた絞り袋に詰め、直径3cmに絞り出す。あるいはスプーンで丸めて置く（e）。
5. 190℃で20〜25分ほど焼く。

◇ガルニチュール（中身）

1. キャベツをせん切りにし、食感が残る程度に塩茹でしてマヨネーズで和える。
2. シューを横からスライスして、キャベツを詰める。
3. 塩茹でした海老をのせる。

a 牛乳は中央まで沸かす。こまでの温度にすることが成功の秘訣。

b ひとまとまりになって、しっとりしてくるとよい。

c 卵を混ぜ終わったところ。

d 粗くすり下ろしたチーズも混ぜる。

e 絞り出し袋の変わりに、水でぬらしたスプーンでも。

Column

チーズ入りシュー「グジェール Gougère」はおつまみに

グジェールとはフランス・ブルゴーニュ地方のチーズ入りシューのことです。ディジョンの町ではシュークリームくらいの大きさに焼かれたグジェールがお菓子屋さんやパン屋さんに並びます。そのざっくりとしたおいしさ、忘れられません！

今やフランス全土のレストランで、小さく焼いたグジェールがアミューズ・ブーシュとしても出されます。

小さく絞って冷凍しておいて、当日そのままオーブンで焼くこともできるので、ちょっとしたおつまみにとても便利です。温かいうちにどうぞ！

作り方：左上シュー生地のグリュイエールチーズ20gを40gに増やして作る。直径5cmに絞り出し、180℃で25分から30分焼く。

Pommes duchesse
じゃがいものデュシェス

デュシェスとは公爵夫人の意味で、繊細な料理の名前に使われてきました。銀盆の縁に絞ってそのままオーヴンに入れるという料理も習いましたが、ここではパクッと口に入れられるように、パルメザン風味にして小さく絞ったり、プチ・コロッケに仕上げてみました。

AMUSE-BOUCHE

材料（約 15 個分）

じゃがいも　大 1 個（150g）
バター　10g
卵黄　1 個
塩、こしょう、ナツメグ　各適量
パルメザンチーズ（すりおろし）　25g

作り方

1. じゃがいもは皮をむき、7〜8mm厚にスライスして沸騰した塩水で 5 分強茹でる。
2. 手早くざるで漉して熱いうちにピュレにする。バターを混ぜ込む。卵黄を混ぜ、軽く塩、こしょう、ナツメグも混ぜる。さらにパルメザンのすりおろしを加えて混ぜる。
3. 星型の口金を付けた絞り袋に入れ、紙を敷いた天板に絞る。220℃のオーヴンで 10 分焼き、きれいな焼き色をつける。あるいはオーブントースター 1000w で 5〜6 分でも。

応用
じゃがいもの
デュシェス
を使って

Croquettes de pomme de terre
じゃがいものプチ・クロケット 3 種

日本のコロッケが、フランス料理のクロケットから来たと知ったときには驚きました。語源は「croquer（ぱりぱり音がする）」から。

材料（15 個分）

デュシェスの生地　上記 1 単位
ベーコン、オリーヴ、モッツァレラチーズ　各適量
小麦粉　適量
卵　1/2 個
牛乳　大さじ 1/2
パン粉（フランスパン）　適量
揚げ油　適量

作り方

1. デュシェスの生地を 3 等分にする。
2. ベーコンとオリーヴはそれぞれみじん切り、モッツァレラは水を切って 1cm の角切りにする。
3. デュシェスの生地の 1 つにはベーコンを、もう 1 つにはオリーヴを加えて混ぜ、それぞれを 1 つ 15g をめどにして丸める。もうひとつのデュシェス生地は 1 個 12g に丸め、中心をくぼませてモッツァレラを包む。
4. 小麦粉、卵と牛乳を混ぜたもの、パン粉の順につける。
5. 油で揚げる。

Gâteau au bleu
ブルーチーズケーキ

白ワインのおつまみにあう塩味のケーキです。ロックフォールを使ったときは、天然甘口のソーテルヌワインがオススメです。

材料（直径 15cm ケーキ型 1 台分）

クラッカー（市販品）　25g
ブルーチーズ　90g
クリームチーズ　200g
卵　M 1 個
生クリーム（乳脂肪分 47％）　55ml
薄力粉　大さじ 1 1/3

作り方

1. 型の底とサイドに紙を敷く。クラッカーを砕いて型に入れ、ならす。
2. 常温に戻したクリームチーズをかき混ぜ、軟らかくする。
3. 2 に卵を 3 回程度に分けて加え、泡立て器で混ぜる。
4. 次に生クリーム、ふるった薄力粉の順に混ぜる。裏漉しする。
5. ブルーチーズを手で砕きながら加え、さっくりと混ぜる。
6. 5 を 1 の型に流し入れ、湯煎にかけて 160 ～ 170℃のオーヴンで 20 分加熱の後、200℃超に上げてさらに 10 ～ 15 分焼いて焼き色を付ける。
7. 冷めたら、冷蔵庫で冷やす。

AMUSE-BOUCHE

Légumes au vinaigre
ピクルス

野菜を茹で上げたときの食感がそのままピクルスの食感になるので、茹ですぎないように、気合いを入れて！ マリネ液300gにはだいたい同量の野菜300gを浸けることができます。

材料（野菜全部で300g分）

きゅうり、ミニトマト、にんじん、セロリ、
　ヤングコーン、カリフラワー、大根、赤玉ねぎ、
　パプリカ、マッシュルームなど
　適宜好みのバランスであわせて300g

◇マリネ液
白ワインヴィネガー　100㎖
水　200㎖
塩　小さじ1/2強
グラニュー糖　大さじ1　1/3弱（15g）

スパイス
　白こしょう（粒）　10粒
　＊粒を粗くつぶしておくと、ぴりりとした仕上がりに。
　コリアンダー　10粒
　マスタードシード、フェンネルシード、セロリシード、ディルシードなど　あわせて3g

作り方

1　小鍋にマリネ液の材料をすべて入れ、さっと一煮立ちさせる。冷ます。
2　きゅうりは先に塩をして水分をぬぐい、ミニトマトはへたを取って、そのまま（茹でずに）マリネ液に浸ける。
3　上記以外の野菜は適当な大きさに切り、塩茹でする（右記参照）。かんでみて、「ぎりぎり生でない」あたりでさっと引き上げる。
4　湯をきり、充分に水気をぬぐい、熱々のうちにマリネ液に浸ける。
5　冷蔵庫に入れておく。

＊茹で時間（目安）

〈2分〉
にんじん（7～8mm厚）
セロリ（皮をむく）
ヤングコーン
カリフラワー

〈1分〉
大根（7～8mm厚）
赤玉ねぎ
パプリカ
マッシュルーム

＊翌日からおいしく食べられますが、味が安定するのは2～3日後です。
＊赤玉ねぎは色素がにじみでて、マリネ液が赤く染まるので、他のものとは別の容器で浸けてください。
＊きゅうりとトマトは水分が多いので、一両日中に食べてください。

Rillettes
リエット

リエットは豚肉を繊維状にほぐれるまでじっくり煮て、脂肪と一緒に固めたもの。豚を余すところなく食べる、民族の知恵です。上面を脂で覆って冷蔵庫へ入れると1週間ほど持ちます。フランスでは軽いおもてなしにも使われます。

材料（ラムカン100ml 3個分）

豚バラ肉　200g
豚肩ロース肉　200g
豚背脂（バラ肉などからそいでも可）　100g
エシャロット　1個
にんにく　1かけ
クローヴ　1個
黒こしょう（粒）　5個
タイム、ローリエ　各適量
塩　大さじ1/2弱（8g）
＊肉類1kgにつき16gが目安
白ワイン　150ml
水　150〜200ml

＊冷凍保存して、キッシュやチャーハンの具にもできます。
＊きれいにラッピングして、ホームパーティーのおみやげに持って行ったら、びっくりされるかも！

作り方

1　豚肉は4cm角に切る。脂は5mm角に切り離し、さらに包丁でたたいてミンチ状にする。

2　エシャロット、にんにく、その他スパイス、ハーブ類はガーゼに包んで、糸で縛る。

3　黒こしょう以外のすべての材料を鍋に入れ、いったん沸騰させる。アクはよくすくう。蓋をして、とろ火で3時間煮る。途中1時間半たったところで裏返す。2時間半ほどで蓋を取り、水分を少し蒸発させながら煮る。

4　肉を持ち上げるとぐずぐずと崩れる感じになったら、煮汁と肉を分ける。

5　肉から筋と脂身を除き、身をほぐす。

6　煮汁の上澄み（脂の部分）を少し別の容器に取り分けておく。

7　残った煮汁（150g程度）を漉しながら肉に注ぎ入れて、粗挽きこしょう小さじ1/2（分量外）も加えてよく混ぜる。

8　脂が白濁するまでフォークでよく混ぜ、容器に詰める。上面はナイフで押しつけて、ならす。

9　取り分けておいた上澄みを上面に塗り、一晩冷蔵庫で寝かせる。

10　翌日、パンを薄くスライスし、添える。

AMUSE-BOUCHE

Rillettes de saumon
サーモンのリエット

魚版のリエットは保存食ではなくて、さっと短時間で作ってすぐに食べてしまうものです。フランスのレストランでは前菜として出てきます。あんまりにもおいしくてメニューに見つけると、こればっかり食べていたことがあります。

材料（作りやすい分量）

- サーモン　200g（2切れ）
- スモークサーモン　60g
- 玉ねぎ　小1/2個（100g）
- レモン　1/2個
- 生クリーム（乳脂肪分35％）　80ml
- ケッパー（粗みじん切り）　小さじ1
- ディル（みじん切り）　大さじ1
- 塩、白こしょう　各適量

作り方

1. サーモンは皮と血合いを取る。しっかりめに塩をして、5分蒸す。冷ましておく。
2. スモークサーモンは7〜8mm角に切る。
3. 玉ねぎはごく細かくみじん切りにし、さっと水にさらす。すぐにざるで水を切って、水分を紙で拭く。
4. レモンは皮をすり下ろし、果汁も絞る。
5. 生クリームを7〜8分に泡立て、レモン汁（大さじ1〜1 1/3）、果皮のすり下ろしを混ぜ、塩、こしょうをする。
6. サーモンの小骨を抜きながら、フォークで身を崩す（小さくしすぎない）。
7. 6にスモークサーモン、3の玉ねぎ、5の生クリーム、ケッパー、ディルを入れて混ぜる。
8. 塩、こしょうで味を調え、しばらく冷蔵庫で味をなじませる。
9. 必要なら塩、こしょう、レモン汁、レモンの果皮で味を調えてから盛りつける。

＊おすすめは刺身用アトランティックサーモンのブロックを使うこと。身が厚い場合は開いて、なるべく短時間で蒸します。ギリギリの火入れにすると、とてもジューシーで上品に仕上がります。
＊当日中に食べきりましょう。

Rillettes de maquereau
さばのリエット

青背の魚はクール・ブイヨンで煮ますが、今回は簡略化した方法でご紹介します。

材料（作りやすい分量）

- さばのフィレ　1枚（2切れ）
- レモン汁　小さじ2（10ml）
- ディジョンマスタード　大さじ1/2
- 玉ねぎ（みじん切り）　大さじ2
- セロリ（3mm角切り）　大さじ2
- 緑こしょう（粒　みじん切り）　大さじ1/2

＊ケッパー大さじ1でも可

- イタリアンパセリ（みじん切り）　大さじ1
- にんにく（すりおろし）　1/2かけ
- バター　25g
- 塩、こしょう　各適量

茹で汁
| 水　300ml
| 白ワイン　50ml
| 白ワインヴィネガー　大さじ1 2/3（25ml）
| にんじん（スライス）　1/4本分
| セロリ（スライス）　1/4本分
| 玉ねぎ（スライス）　小1/4個分
| ブーケ・ガルニ　1束
| 塩　2つまみ
| こしょう（粒）　5粒

作り方

1. 鍋にさばのフィレと茹で汁の材料を入れ（写真）、弱火にかける。沸騰直前の温度で3分ほど火を入れる。そのまま冷ます。
2. さばを取り出し、ナイフで皮をこそげ取る。水分を充分に拭い、ほぐしながら骨を抜く。
3. レモン汁とマスタードを合わせてからさばに回しかける。
4. 玉ねぎ、セロリ、緑こしょう、イタリアンパセリを混ぜる。味を見ながら、にんにくを混ぜる。
5. 完全に熱がなくなったら、ポマード状に軟らかくしたバターを混ぜる。塩、こしょうで味を調える。冷蔵庫でいったん味をなじませる。
6. 塩、こしょう、レモン汁、にんにくなどで味を調えてから盛りつける。

＊さばの臭いが気になる場合は、ヨーグルト大さじ2を加えてください。
＊半日ほどおいたほうがよりおいしくなります。翌日もOK。

フロマージュ・ブランのディップ

サーモンのリエット

さばのリエット

Fromage blanc à la ciboulette
フロマージュ・ブランのディップ

フロマージュ・ブランは、乳酸発酵させただけで熟成させないフレッシュなチーズ。ヨーグルトに似たあっさり軽い味わいから、フランスでは料理にもお菓子にもよく使われます。

材料（作りやすい分量）

フロマージュ・ブラン　200g
エシャロット（みじん切り）
　大さじ2（20g）
塩、白こしょう（挽き立て）　各少々
レモン汁　少々
シブレット（小口切り）　大さじ1

作り方

1　フロマージュ・ブランをガーゼに包むか、コーヒーのペーパーフィルターにかけ、1時間ほど水を切る。かたいタイプ（すでに水切りしてあるもの）のときはそのままでよい。＊落ちてきた水分はひとまず取り置き、最後に固さの調整に使うとよい。
2　ごく細かくみじん切りにしたエシャロットを混ぜ、塩、こしょう、レモン汁で調味する。
3　シブレットの小口切りを散らし、いったん冷蔵庫で味をなじませる。

ENTRÉES

前菜は、食事の入り口

前菜は「さあ、ここから本格的な食事」の入口です。
大きく分けて魚、肉、野菜中心の皿があり、冷製のことも温製のこともありますが、夏場はとくに冷製が喜ばれます。
メインに比べて少し軽めの一皿ですが、料理によっては前菜だけをいくつか用意して、ワインとパンで簡単なおもてなしランチにも使えます。

ENTRÉE

Soupe à l'oignon nouveau
新玉ねぎのスープ

新玉ねぎの時期だけの楽しみです。スプーンなしで、ごくごく飲むあっさりタイプ。玉ねぎは甘味の強い淡路産がおすすめ！

材料（2人分）

新玉ねぎ　150g　　　　シブレット（小口切り）　少々
牛乳　90㎖　　　　　　ベーコン　2枚
水　90㎖
バター、塩、こしょう
　各適量

作り方

1. 玉ねぎはスライスにし、バターでシュエする。
　＊焦がさない。
2. 甘みが出たら（食べてみて、生っぽくないことを確認する）すぐに火を止め、水と牛乳を加える。フードプロセッサーにかけ、ざるで漉す。
3. 供する直前に温め直し、塩、こしょうで調味する。
4. 器に盛り、こしょうとシブレットを散らす。
5. ベーコンを縦半分に切り、紙2枚に挟む。2枚の天板の間にはさみ、170℃で10分ほど焼く。

Soupe aux petit pois
えんどう豆のスープ、カプチーノ仕立て

温製・冷製どちらでも楽しめるスープです。泡がえんどう豆の味をまろやかに包んでくれます。

材料（2人分）

えんどう豆　100g（正味。
　さやごとなら250g程度）
玉ねぎ（みじん切り）　大さじ2
ハム　30g
水　120㎖
牛乳　80㎖
バター、塩、こしょう
　各適量

カプチーノ
｜牛乳　100㎖
｜黒こしょう（挽き立て）　少々

作り方

1. 玉ねぎとハムのざく切りをバターでシュエする。
2. 水を加えて沸騰させ、豆を入れて弱火で煮て（約5分）、火からおろす。
3. ハムは取り除き、フードプロセッサーにかけるか、ヘラで潰しながらざるで漉す。色止めのため、氷水につける。
4. 牛乳を加えて温め直し、塩、こしょうで調味する。
5. カプチーノを作る。牛乳を65℃程度まで温め（＊沸かさない）、泡立て器で泡立てる。
6. 泡だけをすくってスープの上に乗せる。黒こしょうをかける。

＊牛乳は、鍋の縁がごく細かくぷくぷくとわき始めたあたりで70℃です。
＊牛乳は、少し粗くなりますが5℃でも泡立ちます。
＊冷製のときは、バターではなくオリーヴ油でシュエしたほうがなめらかな口当たりになります。またこの場合はハムは不要です。

Salade de légumes grillés
焼き野菜のサラダ、トマトのジュレを添えて

夏においしい野菜を、一皿に3つの調理法で盛り込みました。きゅっと冷やして、おいしく美しい前菜に。焼いたイカや帆立を添えたり、フェタチーズを散らしてギリシャ風にしても楽しめます。

材料（2人分）

生野菜（きゅうり）
茹で野菜（オクラ、スナップエンドウ）
焼き野菜（蕪、パプリカ赤、パプリカ黄、ズッキーニ、なす、玉ねぎ、ヤングコーン、マッシュルーム、ししとう）
添え野菜（オリーヴ、マイクロトマト、セルフィーユ、バジル）
塩、オリーヴ油（EV） 各適量

ヴィネグレット
| 白ワインヴィネガー　大さじ1
| オリーヴ油（EV）　大さじ2
| 塩、こしょう　各適量

トマトのジュレ
| トマト（完熟）　1個
| 塩、こしょう　各適量
| 板ゼラチン（ピュレ120gにつき）　1g
| ＊なしでも可

作り方

◇野菜のマリネ

1 きゅうりは乱切りにし、ヴィネグレット適量を回しかけて冷蔵庫に入れる。
2 オクラとスナップエンドウはさっと塩茹でし、ヴィネグレットを回しかけて冷蔵庫に入れる。
3 その他の野菜類は食べやすい大きさに切り、しっかりめの塩を振る。オリーヴ油を回しかけ、グリエ（網焼き）にする。熱いうちにヴィネグレットを回しかけて冷蔵庫に30分ほど入れる。

◇トマトのジュレ

1 トマトは湯むきし、種を出す。
2 角切りにし、軽くフードプロセッサーにかけるかざるで漉す。塩、こしょうで調味する。
3 2でできたピュレを計量し、必要量のゼラチンを水で戻す。湯煎にかけて溶かして加える。
4 裏ごしし、冷蔵庫で冷やす。
　＊ゼラチンはとろみをつけているだけで、固まりません。
　　なしでもかまいません。

盛りつけ

1 皿にジュレを伸ばす。野菜類を盛りつける（a、b、c）。オリーヴ、マイクロトマト、ハーブ類を散らす。
2 ジュレにオリーヴ油を散らす。

a　トマトのジュレの中に土台を作る。　b　後ろを高く手前を低く。　c　立体的に置いていく。

ENTRÉE

Salade de tomates
カラフルトマトのサラダ

パリのマルシェには色とりどりのトマトがあふれます。見たら、買わずにいられません‼ それぞれ味をみたくて、シンプルにサラダにしてみました。

材料（作りやすい分量）

トマト（いろいろ）、芽キャベツ、紫玉ねぎ（スライス）、オリーヴ（輪切り）、ワイルドミント
＊バジルやイタリアンパセリでも
マスタード入りヴィネグレット
　（P.94 参照）、パセリ（みじん切り）
　　　　　　　　　　　　すべて適量

作り方

1　トマトは適当な大きさに切る。
2　芽キャベツは塩茹でして、半分に切る。
3　トマト、芽キャベツ、紫玉ねぎを盛りつけ、オリーヴ、ワイルドミントを散らす。
4　ヴィネグレットにパセリを混ぜて、添える。

＊「牛の心臓 Cœur de bœuf」という名のこのトマトは最近再評価されていて、フランスではたくさん売られるようになりました。

フランス家庭の定番のお総菜です。フランスのきゅうりは巨大！厚い皮をむいて、種を全部こそげてから使います。あのしっかりした食感を出したいときは加賀太きゅうりで作ります。きゅっとレモンの効いたきゅうりは、止められない、止まらない、夏におすすめのおいしさです。

材料（作りやすい分量）

加賀太きゅうり　1本
（きゅうりのときは3〜4本）
生クリーム（乳脂肪分35%）　100mℓ
＊同量のヨーグルトでも可。
レモン汁　大さじ1強
塩、黒こしょう　各適量

作り方

1. きゅうりは縦半分に切り、スプーンで種をこそげ取る。
2. 皮をむき、3〜4mm幅にスライスする。しっかりめに塩をしてしばらくおく。
3. 水分を絞る。さらに紙で押さえ、水気を取る。
4. 生クリームとレモン汁を合わせてから3のきゅうりを和える。
5. 塩、こしょうで調味し、冷蔵庫でよく冷やしてから供する。

＊普通のきゅうりを使う場合は、皮ごとの斜め厚切りでかまいません。

Salade de concombre
きゅうりのサラダ

ポワロー（西洋ネギ）は茹でるととても甘くて、すっぱいヴィネグレットがよく合います。下仁田ネギで、再現できます！

Poireaux à la vinaigrette
ポワローのマリネ

材料（作りやすい分量）

ポワロー
＊写真は若いポワロー jeunes poireaux を使っています。
マスタード入りヴィネグレット（P.94参照）、
イタリアンパセリ（みじん切り）　すべて適量

作り方

1. ポワローを塩水（分量外）でくたくたになるまで煮る（15分程度）。
2. 湯を切り、ポワローにヴィネグレットをからめて、冷蔵庫で半日ほどマリネする。
3. 皿に盛りつけ、マスタード入りヴィネグレットを振り掛け、イタリアンパセリを散らす。

ENTRÉE

Gratin d'asperges
アスパラガスのグラタン

「グラタン」とは、焦げ目のついた薄い皮やその料理のこと。この料理はとてもシンプルな作り方ですが、アスパラガスから水分が飛んで、ぎゅっと凝縮した旨味が味わえます。

材料（写真の量）

アスパラガス　太め16本
パルメザンチーズ（すりおろし）　60g
溶かしバター　60g
パン粉（フランスパン）　大さじ山盛り1
＊フランスパンを小さくちぎって乾燥させ、粉砕したもの
塩、こしょう　各適量

＊パルメザンチーズの半分を、グリュイエールなどとろけるチーズに変えると、よりいっそうおいしくなります。

作り方

1. アスパラガスは下1/3の皮をむく（白アスパラガスの場合は、上から下まですべての皮をむく）。
2. 長いまま塩茹でする。
3. 水に取って冷まし、水分をよくきる。
4. グラタン皿にまずアスパラガスを1段並べる。軽く塩、こしょうをし、パルメザンチーズを散らす。溶かしバターを少しかける。
5. 4をもう1〜2回繰り返す。
6. パン粉を散らし、220℃のオーブンで8〜10分焼く。

ENTRÉE

Fricassée de champignons
きのこのフリカッセ

シンプルな秋の味覚です。いろいろなきのこがあるほうが楽しくておいしいのですが、マッシュルームはたくさんの旨味を持っているので、ぜひ入れてください。

材料（2人分）

きのこ（マッシュルーム、舞茸、椎茸、しめじ、ひらたけ、
　エリンギなど合わせて）　250g
エシャロット（みじん切り）　大さじ2 1/2
にんにく（みじん切り）　1/2かけ
ベーコン（スライス）　1枚
バター　20g
オリーヴ油　大さじ1
生クリーム（乳脂肪分35％）　大さじ4（60㎖）
塩、こしょう　各適量
パセリ（みじん切り）　大さじ1

作り方

1　きのこを食べやすいサイズに切る。＊小さくしすぎない。
2　ベーコンは5㎜幅に切る。
3　フライパンを熱し、バターと油を引き、きのこを入れる。塩、こしょうをして、中強火でソテーする。
　＊この段階での塩加減は重要。きちんと入れる。
4　しんなりしたらエシャロット、にんにく、ベーコンを散らす。
5　全体に火が通ったら、生クリームを入れ、火を弱めて軽く煮詰める。
6　塩、こしょうで調味して、パセリのみじん切りを散らす。

（右から時計回りに）ジロール、セプ、ブラウンマッシュルーム、シャントレル、プルーロット

Ratatouille
ラタトゥイユ

南仏ニースの地方料理ラタトゥイユは、夏の日差しをいっぱいに浴びた夏野菜の煮込みです。出来立てもよいのですが、一晩寝かせた冷製がなおいっそうおいしいもの。初夏から夏にかけて野菜の力が強いときに、ぜひ、作ってみてください。
ところで、ラタトゥイユは「野菜のごった煮」ではありません。口に入れたときに、全体としてラタトゥイユの味がしていながら、それぞれの野菜、パプリカ、ズッキーニ、なすはそれぞれの味をきちんと主張しているのが理想だと私は思っています。そのためには、ちょっと面倒ですが、こんなふうに。

ENTRÉE

材料（作りやすい分量）

トマト（完熟）　3個（600g）
＊完熟でないときはトマトペースト 大さじ1/2 を追加
玉ねぎ（みじん切り）　大きめ1個（250g）
にんにく（みじん切り）　2かけ
パプリカ（赤）　1個
パプリカ（黄）　1個

ズッキーニ　大きめ1本（180g）
なす　小2本（150g）
ブーケ・ガルニ　1束
バジル、エルブ・ド・プロヴァンス　各適量
赤ワインヴィネガー　大さじ1/2
オリーヴ油、塩、こしょう　各適量
バゲット（薄切り）　数枚

作り方

1　トマトは湯むきし、横半分に切り、種を出す。1cm角に切る。種の部分は裏ごしし、果汁をもどす。

2　玉ねぎをゆっくりと炒め、途中にんにくも加える（全体で約20分）。

3　パプリカ、ズッキーニ、なすを2.5cmの角切りにする。

4　まずパプリカをオリーヴ油で炒め、塩、こしょうする。紙を敷いたざるにあけ、余分な油をきって、玉ねぎの鍋に入れる。
　＊ここで塩加減と焼き加減は重要。必要量の塩をして、旨味を閉じ込めるつもりで強火で表面を焼き固めること。

5　続けてズッキーニ、なすそれぞれをオリーヴ油で炒め、塩、こしょうをして下味をつける。同様に余分な油をきって、玉ねぎの鍋に混ぜ入れる。

6　使ったフライパンは熱して、ヴィネガーと少量の水でデグラッセ（鍋の底にできた煮詰まった焼き汁を液体で溶きのばすこと）する。

7　液体は野菜を集めた鍋に入れる。

8　1のトマトを加え、塩、こしょうをする。

9　ブーケ・ガルニを入れ、紙蓋をして180℃のオーブンに40分入れる。

10　ガスにかけて余分の水分を飛ばす。

11　バジルのみじん切りとエルブを加え、塩、こしょうで味を調える。必要ならヴィネガーで味をひきしめる。
　＊むやみやたらにかき混ぜず、十分な火力でなるべく短時間で煮詰めてしまうこと。

12　皿に盛り付け、軽くトーストしたパンを指す。

＊トマトの完熟がなければ、トマトの半量を缶詰のトマトにするか、最後にトマトペーストを加えても良いでしょう。
＊最後の煮詰め段階で、かき混ぜ過ぎも、弱火すぎも野菜がぐずぐずになってしまう原因です。ただし強火すぎて焦がさないように。

ENTRÉE

Salade de riz
お米のサラダ

フランス人にとって米は料理の一素材に過ぎないので、付け合わせにお米があってもパンを添えます。米サラダをパンと一緒に食べるのは少し妙な気分ですが、でも、おいしいのです。

材料（作りやすい分量）

米　100g
塩、油　各適量
とうもろこし　1/2本
にんじん　小1/2本
パプリカ（赤・黄）　各1/4個
ピーマン　1個
ハム　80g
トマト　1/2個
オリーヴ　10粒
パセリ（みじん切り）　適量

ヴィネグレット
　ディジョンマスタード　大さじ1
　赤ワインヴィネガー　大さじ1
　オリーヴ油　大さじ1 1/2
　塩、こしょう　各少々

作り方

1. たっぷりの湯を沸かし、塩と油、洗った米を入れ、ときどきかき混ぜながら12分強茹でる（ほんの少し芯が残る程度）。すぐにざるに取り、冷ます。
2. とうもろこしは5〜10分蒸す。ナイフで粒をこそげる。
3. にんじん、パプリカ、ピーマンは1cm角に切り、それぞれさっと塩茹でして、冷ます。
4. ハム、湯むきしたトマトも1cm角に切り揃える。
5. P.94を参照して、ヴィネグレットを作る。
6. それぞれ十分に水分をぬぐった1、2、3、4、オリーヴ、パセリを混ぜ合わせ、ヴィネグレットをからめる。いったん冷蔵庫で味をなじませる。
7. 必要なら塩、こしょう、ヴィネガー（いずれも分量外）で味を調える。

ENTRÉE

Tabboulé au poulet mariné
鶏とトマトのクスクスサラダ

クスクスとは、挽き割りの硬質小麦を蒸したものに肉や野菜、スープをかけた北西アフリカ諸国の料理です。19世紀にフランスに入ってきて、今ではすっかりフランス家庭料理の定番になりました。今回はサラダ仕立てですが、鶏肉でボリュームが出るのでランチにもどうぞ。

材料（2人分）

クスクス粒　100g
湯　100ml
オリーヴ油　大さじ1強
塩　小さじ1/2
レモン汁　大さじ1

鶏もも肉　200g
レモン汁　大さじ1/2

トマト　2個
タイム　適量
ズッキーニ　1/3本
オリーヴ　5粒
ルッコラ　適量
塩、こしょう、オリーヴ油　各適量

作り方

1 まずトマトのコンフィを作る。トマトを4分割にして皮ごと外側のみ切り出し（＝ペタル）、オリーヴ油、塩、こしょう、タイムを散らして100℃のオーヴンで30〜45分火を通す。（下写真）
2 鶏肉に塩、こしょうをし、油をひいたフライパンで色よく、皮はぱりぱりに焼く。取り出してレモン汁を回しかけ、しばらく置く。
3 ボウルにクスクスと塩、湯、オリーヴ油を加えて混ぜる。蓋をしてコンロの上で5分蒸らす。すぐに皿に広げて水分を飛ばす。完全に熱が取れたら、レモン汁を混ぜる。
＊ぬるい段階で入れると、味がねぼけるので注意。
4 ズッキーニは厚めの輪切りにして塩、こしょうをし、油をひいたフライパンで表面のみ強火で焼く。
5 3のクスクスにトマト、適当な大きさに切った鶏肉、ズッキーニ、輪切りにしたオリーヴを加える。
6 ルッコラをちぎってさっくりと混ぜる。

＊トマトはコンフィにすると、水分が飛び、旨味が凝縮するのでおいしくなりますが、おいしいトマトなら生のままでもかまいません。

Salade niçoise
ニース風サラダ、手作りまぐろのコンフィで

もともとはトマトとアンチョビとオリーヴ油だけという、ニースのシンプルな地方料理で、野菜も生だけで作るものなのだとか。しかし、現代の豪華さ。私は捨てられません…。

材料(作りやすい分量)

まぐろ(刺身用柵)　200g
塩、オリーヴ油　各適量
タイムの葉、ローリエ、
　にんにく、レモンの果皮　各適量

じゃがいも　2個
いんげん　100g
卵　2個
アンチョビ・フィレ　8枚
パプリカ(赤・緑・黄)　各1個
トマト　2個
サラダ菜　適量
黒オリーヴ　12個
マスタード入りヴィネグレット(P.94参照)　適量
エシャロット(みじん切り)　適量

作り方

1　まぐろのコンフィを作る(P.49参照)。
2　P.94のヴィネグレットに、エシャロットを加える。
3　じゃがいもは皮のまま塩水で茹でて皮をむき、一口大に切る。熱いうちに適量のヴィネグレットをからめて、なじませる。
4　いんげんは塩茹でする。盛り付けの直前にヴィネグレットをからめる。
5　卵は茹でて、4つに切る。
6　アンチョビは20分ほど牛乳(分量外)に浸けて塩分を抜く。縦半分に切る。
7　パプリカは半分の厚さに削いでせん切りにする。盛り付けの直前にヴィネグレットをからめる。
8　トマトはくし形切りにする。
9　皿にサラダ菜を丸く敷き、中央にじゃがいも、手で裂いたまぐろのコンフィを並べ、周囲にその他の材料を彩りよく配置する。ヴィネグレットも別に供する。

ENTRÉE

お手製まぐろのコンフィ

1. まぐろに強めの塩をふって冷蔵庫に20分置く。
2. 水分を紙でよく拭い、タイムの葉、ローリエ、にんにくのスライス、レモンの果皮を散らし、オリーヴ油を回しかけ、冷蔵庫で1時間マリネする (a)。
3. 小鍋に入れ、オリーヴ油をひたひたに注ぐ。ごく弱火にかけ、静かに静かに火を入れてぷくぷくっと気泡がでたら（70〜80℃程度。ここまで所要15〜20分）(b)、裏返す。再び気泡が上がったら火を止める。
4. そのまま余熱で中まで火を通す (c)。

a

b

c

＊まぐろが油に浸かった状態で冷蔵庫で1週間ほどもちます。翌日のほうが旨味が乗っておいしくなります。
＊コンフィで残った油は冷蔵庫保管で、炒め物に使えます。

Sardines à l'huile
自家製あつあつオイルサーディン

缶詰の熟成味も好きですが、自分で作る熱々はまた格別。そして忙しい日の、私の「ナンバーワンお助けメニュー」でもあります。なんといっても所要時間、ほぼ5分!!

材料（写真の分量）
いわし（大きすぎないもの）　5尾
オリーヴ油　適量
にんにく（スライス）　1かけ分
新玉ねぎ（小の輪切り）　適量
唐辛子　1本　＊写真はカイエンヌペッパーのホール
塩、黒こしょう（粒）、タイム、ローリエ　各適量

作り方
1. フライパンにオリーヴ油以下すべての材料を入れ、弱火で熱する。
2. いわしは背びれ、腹びれをはさみで切り落とし、鱗を逆なでするようにして洗い流す。紙で水分を拭い、強めに塩をする。
3. 油が小さく沸き始め、にんにくの香りが立ち始めたら、いわしを並べる。
4. 油を回しかけながら、弱火で3分ほど火を入れる。
   ＊いわしの大きさによって時間は加減する。

＊写真にはありませんが、マッシュルームを一緒に煮ると、とてもおいしい付け合わせになります。

焼き帆立マリネ、玉ねぎソースで

材料（2人分）

帆立貝柱（刺身用）　大4〜6個
塩、オリーヴ油　各適量
ピンクペッパー、ディル　各少々

ヴィネグレット

| 玉ねぎ（すりおろし）　20g
| ＊少し食べてみて不快な辛さがある時期は、さっと水で洗い、茶こしで水を切って使う。
| にんじん（すりおろし）　10g
| オリーヴ油（EV）　大さじ1
| レモン汁　小さじ1/2
| 塩、こしょう　各適量

作り方

1 帆立貝柱に強めの塩をする。フライパンに油を引いて表面のみ焼く。
2 ヴィネグレットの材料を混ぜ合わせ、1を厚みの半分か1/3にスライスしてからめる。冷蔵庫で1時間ほどマリネする。
3 皿に放射状に盛り、冷蔵庫でしっかり冷やしてピンクペッパーとディルを飾る。

Saint-Jacques marinées
帆立のマリネ、2つのスタイルで

帆立貝柱のマリネを、生と焼きの2種でご紹介します。とくに冬場の甘味ののった帆立は、軽く火を入れることで甘味と旨味がいっそう増します。

マヨネーズと粒マスタードのマリネ

材料（2人分）

帆立貝柱（刺身用）　大4〜6個
マヨネーズ（P.94参照）　大さじ1
粒マスタード　大さじ1
レモン汁、マーシュ　各適量

作り方

1 帆立貝柱はさっと水で洗い、水気は十分にふく。
2 マヨネーズと粒マスタードを合わせ、硬ければレモン汁でゆるめる。1を厚みの半分か1/3にスライスしてからめる。冷蔵庫で1時間ほどマリネする。
3 皿に放射状に盛り、いったん冷蔵庫でしっかり冷やす。マーシュを飾る。

Salade de la mer

贅沢魚介のサラダ、パリ風じゃがいもサラダと

茹でたじゃがいもに、まず白ワインを飲ませてから作ったポテトサラダが、なぜか、パリ風！ これをベースにして、魚介類を贅沢に合わせてみました。

材料（2人分）

海老（有頭）　2尾
まぐろ（刺身用柵）　1枚
帆立貝柱（刺身用）　2個
塩、レモン汁　各適量
ラディッシュ、ディル　各適量

ソース
　オリーヴ油（EV）　大さじ2
　オリーヴ（みじん切り）　4粒分
　白ワインヴィネガー　小さじ2
　塩、こしょう　各適量

パリ風じゃがいもサラダ
　じゃがいも　150g
　白ワイン　大さじ2
　玉ねぎ（スライス）　15g
　マスタード入りヴィネグレット（P.94参照）　大さじ2
　パセリ　適量

作り方

1. 海老は殻ごと塩水で茹でる。
2. まぐろは強めの塩をして、冷蔵庫に1時間ほど置く。水分を拭い、充分に熱したグリルで表面のみ網焼きにする。
3. 帆立はさっと洗い、水分を拭う。塩、レモン汁をかけて、冷蔵庫に入れる。
4. ソースを作る。オリーヴ油にオリーヴを加え、ヴィネガー、塩、こしょうで味を調える。
5. じゃがいもサラダを作る（右参照）。
6. 皿にじゃがいもサラダを置く。もたせかけるように魚介類とハーブを盛りつけ、スプーンでソースを流す（写真a、b、c）。

a

b

c

パリ風じゃがいもサラダ

1. じゃがいもは濃い目の塩水で皮ごと水から茹でる。
2. 皮をむいて7～8mm厚に切り、熱々のうちに白ワインをかけて2～3分待つ。
3. 熱いうちに玉ねぎのスライスを加え、ヴィネグレットソースを回しかける。
4. パセリのみじん切りを加え、しばらく味をなじませる。
5. 味を見て、必要なら塩、こしょう、ヴィネグレットで味を調える。

Légumes farcis
野菜のファルシー

ENTRÉE

ファルシーは「詰め物をした」という意味です。ニースでたくさんの野菜のファルシーがお総菜屋さんのウインドウにずらっと並んでいるのを見て、そのあまりの可愛さに魅せられて以来、ずっと作り続けています。今回は下の写真のうちピーマンとトマトのファルシーをご紹介します。

ENTRÉE

Poivrons farcis
ピーマンのファルシー

材料（4人分）

カラーピーマン　4個
玉ねぎ（みじん切り）　50g
牛挽き肉　100g
ベーコン　2枚
にんにく（みじん切り）　1かけ
塩、こしょう　各適量
パン粉　大さじ5
グリュイエールチーズ（すりおろし）　20g
バジルあるいはパセリ、タイム、カイエンヌペッパー
　各適量
グリュイエールチーズ（すりおろし）　40g

作り方

1　玉ねぎのみじん切りを、水分を飛ばすように炒める。
2　牛挽き肉、ベーコンの細切り、にんにくのみじん切りを加えて、ぱらぱらになるよう炒める。塩、こしょうで軽く味付けする。冷ます。
3　2にパン粉、チーズ、バジルのみじん切り、タイム、カイエンヌペッパーを混ぜる。
4　ピーマンはへたのほうから上1/3の高さでカットし、種を抜く。中に軽く塩、こしょうをふり、こんもりと具を詰める。チーズを散らす。
5　ピーマンにオリーヴ油（分量外）を刷毛で塗り、200℃のオーヴンで10〜15分焼く。

＊パプリカを使う場合は、塩水で5分茹でてから。

Tomates provençales
トマト・プロヴァンサル

材料（6人分）

トマト　小6個
オリーヴ油（EV）　大さじ3
タイム（乾燥）　2つまみ
にんにく（みじん切り）　1〜2かけ
パン粉　30g
パセリ（みじん切り）　大さじ3
塩、こしょう　各適量

作り方

1　トマトはヘタに近いほうから1/3の高さでカットし、スプーンで中をくりぬく。へたごと蓋としてとっておく。
2　フライパンにオリーヴ油を入れ、タイム、にんにくのみじん切りを入れる。ごく弱火で温めて、にんにくの香りを立たせる。＊焦がさないよう注意。
3　パン粉を入れて混ぜ、塩、こしょうをする。火からはずし、パセリを加える。
4　トマトの内側に塩とこしょうをふり、3のパン粉を詰める。蓋も添え、200℃のオーブンで10分焼く。

＊この料理は、できれば自家製パン粉がオススメ。裸の食パンを冷蔵庫で一晩乾燥させ、フードプロセッサーで回す。この料理に関してはその場合、材料のオリーヴ油は大さじ2にする。
＊アンチョビのフィレ2枚をパン粉に混ぜてもおいしい。

ENTRÉE

Tartes salées
タルト・サレ

塩味のタルトを 2 種ご紹介します。焼きたての温かいタルトを楽しめるのは、手作りならでは！ サラダとワインで、カジュアルなおもてなしのランチにもなります。

ENTRÉE

Tarte aux légumes
3色野菜のタルト

材料（直径18cmタルトリング1台分）

冷凍パイシート　1枚（150g）
卵　少々
グリュイエールチーズ　40g

ガルニチュール（具）
　スモークベーコン（ブロック）
　　60g　＊なくても可。
　グリュイエールチーズ　50g
　フルーツトマト　3個
　ズッキーニ　1本
　なす　2本
　にんにく　1かけ
　オリーヴ油、塩、こしょう
　　適量

流し込み生地
　卵　1 1/2個（75g）
　生クリーム（乳脂肪分35％）
　　110ml
　塩、こしょう、乾燥バジル
　　各適量

作り方

1. パイシートを23cm角にのばし、しばらく冷蔵庫に入れておく。
2. パイシートを型に入れ、フォークで底を突く。紙を敷いてタルトストーンをつめる。180℃で25分焼く。石と紙をはずして溶き卵を塗り、さらに5分焼く。
3. ベーコンは7～8mm角の棒状に切る。油をひかないフライパンで弱火で炒める。
4. チーズは粗くおろす。にんにくはみじん切りにする。
5. トマト、ズッキーニ、なすは7mm厚の輪切りにする。ズッキーニとなすをオリーヴ油で軽く炒め（強火で短時間）、塩、こしょうをする。
6. 2に脂を切ったベーコン、グリュイエールチーズ、にんにくのみじん切りを散らす。さらに流し込み生地の材料を混ぜ合わせて、流し入れる。
7. トマト、ズッキーニ、なすを交互に並べていく。上にもグリュイエールを散らす。
8. 180℃のオーブンに戻し、さらに30分ほど焼く。熱いうちに供する。

Tarte parmentière à la chèvre
じゃがいもとシェーヴルのタルト

材料（直径18cmタルトリング1台分）

冷凍パイシート　1枚（150g）
卵　少々
グリュイエールチーズ　40g

ガルニチュール（具）
　じゃがいも　小3個
　ローズマリー　適量

流し込み生地
　卵　1個（55g）
　生クリーム（乳脂肪分47％）　100ml
　シェーヴル（山羊乳製チーズ）　50g
　グリュイエールチーズ　50g
　にんにく　1かけ
　塩、こしょう、ナツメグ　各適量

作り方

1. パイシートを23cm角にのばし、しばらく冷蔵庫に入れておく。
2. パイシートを型に入れ、フォークで底を突く。
3. じゃがいもは皮をむいて5mm厚に切り、濃い目の塩水を沸騰させたところに投入して3～4分茹でる。にんにくも丸ごとのまま1分茹でる。
4. 卵と生クリームを混ぜ合わせ、フォークの背で粗に潰したシェーヴル、粗くおろしたグリュイエール、みじん切りにしたにんにくを混ぜる。チーズの塩加減によって、若干の塩とこしょう、ナツメグを入れる。
5. 2の型にじゃがいもを並べ、4の流し込み生地を注ぎ入れる。
6. ローズマリーを粗く切って散らす。こしょうをふる。
7. 180℃で30分焼く。熱いうちに供する。

＊パイ生地をきちんと敷くには、1）生地をいったん折り返し、角まで入れること、2）縁からはみ出た生地はハサミで大きめに切ること、が大切です。

ENTRÉE

Terrine de campagne
テリーヌ・ド・カンパーニュ

テリーヌとは、もともとは耐熱性の型 terrine のことを指し、この型で焼いたものもテリーヌと呼ぶようになりました。カンパーニュは田舎風という意味。今回は、手近な材料で作ってみました。赤ワインやバゲットを添えて楽しんでみてください。教室でもいつも人気のメニューです。

材料（17cmパウンド型1個分　670ml相当）

豚ロース肉と豚肩ロース肉　あわせて320g
鶏レバー　160g
豚背脂（バラ肉などからそいでも可）100g
塩　大さじ1/2弱（8g）＊肉類1kgにつき14g
こしょう　大さじ1/2　＊肉類1kgにつき5g
ナツメグ　小さじ1/2　＊肉類1kgにつき1.5g
コニャック　大さじ1
卵　1/3個（20g）
パン粉　大さじ2強
にんにく（すりおろし）　小さじ1
タイム（乾燥）　2つまみ
ピスタチオ　40g
ベーコン（スライス）　5〜6枚
タイムの枝、ローリエ　各適量

作り方

1　豚肉から脂身をはずす。

2　脂身は包丁でまず5mm角程度に切り離してから、包丁でたたく。半量がペースト状、半量が粒状くらいに。＊半冷凍で切るとやりやすい。

3　赤身も同様に細かく切り離し、半量を包丁でたたく。＊角切りは大きめに残して、食感を楽しんでもよい。

4　レバーは筋と血管を取り除いて細かく切り、半量を包丁でたたく。

5　塩、こしょう、ナツメグを加え、手早く練る。＊冬場以外はボウルを氷水に浸けた状態で。

6　コニャック、卵、パン粉、にんにくのすりおろし、タイムの葉を加えて混ぜる。ピスタチオを加える（ファルスのできあがり）。

7　パウンド型にスライスベーコンを敷き、ファルスを詰める。まず角に、次に半量まで入れたところで押し、残りのファルスも入れてならす。上面にタイム、ローリエを並べる。底と側面を二重にしたホイルで包んで湯煎にかけ、160℃のオーブンで1時間ほど焼く。＊蓋は不要。　（串で突き、押して透明な肉汁が上がってくるまで。あるいは芯温75℃まで）

8　室温で完全に冷ました後ラップで覆い、冷蔵庫で一晩寝かせる。

9　型から抜き出して切り分け、上面のタイムとローリエをはずす。ピクルスとともに供する。
　　＊衛生面からも、肉を結着しやすくさせるためにも、作業中はつねに低温を心がけてください。

＊保存は全面にラップをかぶせ、冷蔵庫で4〜5日もちます。
＊食べ切れないと見越した分はスライスして、先に冷凍してしまいましょう。解凍後、大きめの角切りにして、葉ものと合わせてサラダでどうぞ。あるいは焼きテリーヌにしてもおいしいものです。

PLATS

主菜は食事の主役、ゆっくり堪能

食事の中心はやっぱり主菜です。「今日は美味しい鶏があるから」「今日はこんな素材に挑戦してみたいから」と、作り手には食べるほかにも大きな楽しみがあるものです。

ふつうはメインを決めたら、そこから前後を考えていきます。たとえば主菜が肉なら、前菜は魚（逆もあり）、あるいは野菜というふうに。メインが重たいなら、デザートは生地ものをさけて軽くする、といった具合です。

また料理法では、主菜に直前の火入れが必要なら、前菜は仕込んでおけるものにするのが賢いやり方。逆に前菜に手を取られるなら、主菜は煮込んでおくなど、大変すぎないように工夫してみてください。作り手がずっと台所にいたら、食事の楽しみが半減してしまいますから。

Suprême de bar poêlé

スズキのポワレ

淡泊で繊細な高級魚のスズキ。ここでは皮をパリッと焼く方法と、
酸味のあるソースをご紹介します。
鯛やイサキにも応用してみてください。

PLAT

材料（2人分）

スズキ　2切れ
オリーヴ油　適量

ソース
　白ワインヴィネガー　小さじ2
　白ワイン　大さじ1 1/3
　オリーヴ油（EV）　大さじ1
　ディジョンマスタード　小さじ1
　玉ねぎ（3mmの角切り）　20g
　ピクルス（3mmの角切り）　2本
　ケッパー（粗みじん切り）　小さじ1
　トマト　1/4個
　塩、こしょう　各適量
　a
　　シブレット（小口切り）　4本分
　　パセリ（みじん切り）　大さじ1
　　ディル（みじん切り）　大さじ1

じゃがいものチュイル
　じゃがいも　1個
　バター　40g
　塩、こしょう　各適量

作り方

◇ソース
1　トマトは皮と種を取り、5mmの角切りにする。
2　小鍋にソースのa以外の材料を入れ、盛り付ける直前にひと煮立ちさせる。aのハーブを加える。

◇じゃがいものチュイル
1　バターは湯煎にかけて溶かし、しばらくそのまま置く。
2　上澄み（＝澄ましバター）を取りだす。
3　じゃがいもは皮をむき、せん切りにする。＊洗わない。
4　じゃがいもに澄ましバター、塩、こしょうを加えて混ぜる。
5　テフロン加工のフライパンにじゃがいもを小さい円状に置く。両面を色よく焼く。

◇仕上げ

1　スズキは皮目に包丁を入れ、塩をする。20分置く。

2　にじんできた水分を紙で拭く。

3　皮に小麦粉を振って、熱して油を引いたフライパンに、皮目から入れて焼く。反らないようしばらく押さえて焼き固める。
＊ぎゅうぎゅう押さえつけない。

4　火を弱め、ときどきアロゼ（油を回しかけること）しながら、ガスコンロなら10〜15分かけてゆっくりと火を通す。オーヴンなら180℃で数分焼く。

5　全体に9割方火が入ったら、裏返す。紙に取り、余分な油を拭く。
じゃがいものチュイルの上にスズキをのせ、周囲にソースを流す。

◇もう一つの盛りつけ
1　じゃがいもはせん切りにしてさっと水で洗い、十分に水分を拭く。
2　油で揚げて、軽く塩を振る。スズキの上にのせる。

＊スズキは買った当日に焼くとひどく身が反るので、冷蔵庫で少なくとも1日寝かせてから使います。
＊つねに盛り付けて上になる方から、焼いていきます。
＊もし丸ごとオーヴンに入れられるフライパンがあるなら、ぜひオーヴンで。身がふっくらと焼き上がります。

Thon à la basquaise
まぐろのバスク風

バスク地方では、夏にたくさんのまぐろが揚がります。バスク風とはトマトやパプリカ、にんにくなどを使った料理のこと。ちなみにトマト、緑パプリカ、玉ねぎは、バスク地方の旗の赤、緑、白色にちなんでいるそうです。

材料（2人分）
まぐろの頰肉　2切れ
　＊刺身用の柵なら300g
オリーヴ油、塩、こしょう　各適量

ソース
　玉ねぎ（みじん切り）　小1/2個
　にんにく（みじん切り）　1かけ
　パプリカ（赤・緑）　各1/4個ずつ
　　※緑パプリカの代わりに緑ピーマンなら1個。
　トマト　250g
　ケッパー　15g
　タイム　適量
　ピクルス（みじん切り）　2本

作り方
◇ソース
1. パプリカは6〜7mm幅の棒状に切る。
2. トマトを湯むきし、種を出して角切りにする。種の部分は漉して種は捨てる。
3. 玉ねぎをオリーヴ油でシュエし、にんにくを加える。1のパプリカと2のトマトも加える。
4. ケッパー、タイムを加え、15分ほど煮る。

◇仕上げ
1. まぐろは紙で十分に水分を拭い、塩をする。強火にかけたフライパンに油を引いて、まぐろの表面を焼き固める。
2. いったん火を弱め、紙でフライパンにたまった余分な脂を拭き取る。
3. ＊こすらない。
　まぐろの上にソースをかけ、紙蓋を落とし、5分ほど弱火で煮る。
4. ピクルスを加え、塩、こしょうで味を調える。

Blancs de poulet cordon bleu

鶏胸肉のコルドン・ブルー

もともとフランス料理ではないのですが、今やすっかりフランスの家庭料理になりました。チーズがうまくとろんと溶け出てくるのが楽しみです。ここではフランス温サラダの定番「いんげん豆の温サラダ」をつけあわせました。

材料（2人分）

鶏胸肉　1枚（300g）
ハム　2枚
コンテチーズ（またはグリュイエールチーズ）
　30～40g
マスタード　適量
ルッコラ　適量
小麦粉　適量

衣
| 卵　1個
| 植物油　大さじ1
| 水　大さじ1
| 塩、こしょう　各少々

パン粉（フランスパン）　適量
＊フランスパンを小さくちぎって乾燥させ、粉砕、篩ったもの
植物油・バター　各適量

いんげん豆の温サラダ
| いんげん豆　50g
| オリーヴ油　適量
| にんにく　1/4かけ
| 塩、こしょう　各少々

作り方

1　鶏肉は皮を除き、2つに切る。高さの半分で包丁を入れ、袋状に開く。

2　ラップ2枚にはさみ、肉たたきで慎重に伸ばす。

3　鶏肉の内側と外側に軽く塩、こしょうをし、内側の下面に軽くマスタードを塗る。その上にルッコラ、ハム、スライスにしたチーズを2～3枚重ねてのせる。

4　口が閉まっていることを確認し、胸肉の外側に小麦粉を茶こしでふるう。余分な粉をはたく。

5　衣の材料を混ぜ、4をここに通す。パン粉をつける。
6　小麦粉、衣、パン粉の工程をもう一度行う。
7　油とバターを半々に入れたフライパンに、鶏肉を入れる。弱火にして蓋をし、5分ほど火を通す。
8　よい焼き色が付いていたら裏返し、蓋をしてさらに5分焼く。
9　いんげん豆を塩茹でする。
10　フライパンにオリーヴ油を熱し、にんにくのみじん切りといんげん豆を入れる。ゆすりながら火を通し、塩、こしょうで調味する。皿に肉と盛り合わせる。

Fricassée de volaille
鶏のフリカッセ

滋味深いという表現がぴったり。フランス家庭料理の定番煮込み料理です。鶏のフォンを取るのはちょっと大変ですが、その価値は十分にあると思います。

材料（2人分）
鶏もも肉（骨付き）　1本
鶏胸肉（300g）　1枚
玉ねぎ（みじん切り）　50g
小麦粉　大さじ1強
鶏のフォン（P.95参照）　250mℓ
生クリーム（乳脂肪分47％）　60mℓ
塩、こしょう　各適量

ピラフ
米　200g
玉ねぎ（みじん切り）　80g
バター　30g
水　300mℓ
ブーケ・ガルニ　1束
いんげん豆　40g
塩　適量

付け合わせ
小玉ねぎ　4個
マッシュルーム　4〜6個

＊2倍量4人分で作るときは、鶏のフォンのみ400mℓ、その他はすべて倍量にする。

PLAT

作り方

1. 煮込み用の鍋にバターを溶かし、玉ねぎをシュエする。
2. 小麦粉をまんべんなくふりかけ、少々炒めて、粉気をとばす。

3. 鶏肉はそれぞれ2等分して、余分な脂や筋を取り除く。塩をする。
4. 充分に熱したフライパンに油をひく。鶏肉を皮目から焼き始め、表面に軽い焦げ目を付ける。2の煮込み用鍋に移す。
5. 鶏を焼いたフライパンは紙で余分な脂を拭ってから、水少々でデグラッセして旨みを鍋に移す。さらに鶏のフォンを入れ、いったん軽く沸騰させる。小玉ねぎを加える。
6. 火を弱め蓋をして、まず10分煮たら、胸肉のみ取り出しコンロ近くなど温かい場所に置く。もも肉はさらに10〜15分弱火でことことと煮込む。
 *絶対にぼこぼこに沸かさない。
7. もも肉をナイフで突いて軟らかくなっていることを確認したら、取り出す。
8. 鍋に残った煮汁にマッシュルームを加えて半量以下まで煮詰め、濃い旨味がでていることを確認する。
9. 生クリームを入れる。もも肉、胸肉(適当な大きさに切る)を戻し、さっと火をいれる。塩、こしょうで味を調える。

> *煮込み料理を成功させるには、絶対にぼこぼこに沸かさないこと! 食材内部の水分が飛び出してぱさぱさになり、そのあとどんなに優しく煮ても、けっして軟らかくなりません。慎重に!

◇ピラフ

1. 米はざるに入れて洗い、水をきる。
2. 玉ねぎのみじん切りをバターでシュエする。ここに米を入れ、半透明になるまで炒める(鍋肌に付きやすいので注意)。
3. 水、ブーケ・ガルニ、塩少々を加え、蓋をする。沸騰してきたら火を弱め、12分炊く。火を止め、そのままコンロの上で15分蒸らす。
4. いんげん豆は5mm幅に切り、さっと塩茹でしておく。
5. 米が炊きあがったらさっと混ぜていんげん豆も混ぜ込み、塩味を調節する。

Column

鶏のフリカッセに思うこと

フランス家庭料理の定番フリカッセは、私の大好きな料理です。煮込み料理の中で一番好きだと言っても過言ではないくらい。

いったん鶏ガラからフォン(だし)を取り、その中で鶏肉を煮ていくわけですから、おいしくないはずがありません。鶏のほろっと煮込まれたおいしさ、ソースの滋味深い味わいもさることながら、ソースをいっぱいにつけて食べるピラフも格別においしいものです。このピラフが食べたいがゆえにフリカッセを作るのかもしれません。

授業の後しばらくして、生徒さんで、小さいお嬢さんがいるお母さんからメールをもらいました。
「地鶏の鶏ガラを入手するところから、今回はスタートしたのでちょっと大変でしたが、インスタントの鶏ガラスープではなくて、フォンから作ると風味は格別であることを、娘たちにも知っておいてほしくて頑張りました。自己満足ですが、なかなか良い味に仕上がったと思っています」

フォンから作るおいしさを娘さん方に知っておいてほしくて、という一文に私は心を打たれました。もちろん現代はみんな忙しいのですから、日頃は簡便な食品に助けられるのは当たり前にあってよいと思います。しかしときに気合いを入れて作ろうと思えるのは素敵なこと。そしてそれらの食品が違う味がすることを知っているのは素晴らしいことだと思います。

家族のために一生懸命に買い物から始め、時間をかけて料理して、食卓を囲む。賢明で温かな母の愛情が、行間からあふれてくるようでした。

時折、生徒さんからこんなお話を聞けることは、私にとって大きな喜びです。

Poulet aux marrons en croûte de sel
鶏の栗詰めの塩釜

クリスマスによく登場する丸鶏の栗詰めを塩釜にしました。塩釜を割った瞬間に立ち上るよい香りに、きっと歓声が上がります。身はしっとり、うっすらした塩味に。ファルス（詰め物）もまた、もう一つの楽しみです。

材料（4人分）

丸鶏　1羽（1.2kg）
塩　1.5kg
卵白　150g
ローズマリー、ピンクペッパー、
　黒こしょう（粒）　各適量

ファルス
　栗　150g
　＊冷凍栗を蒸したもの。
　　天津甘栗でも可
　マッシュルーム　40g
　豚挽き肉　80g
　生クリーム　大さじ1
　パン粉　大さじ2
　卵　1/2個
　パセリ（みじん切り）　大さじ1
　塩、こしょう、ナツメグ　各適量
　タイムの葉、ローリエ　各適量

作り方

◇鶏の下準備

1 尾の先の油壺を取る。首の皮は残し、骨を短く切る。

2 V字状の鎖骨を取る（焼き上がり後に、胸肉をさばきやすくするため）。

3 関節に包丁を入れ、手羽の先をカットする。

4 足の先をカットする。

5 首の皮を背中側にかぶせて縫いとめる。あるいは楊枝で留めてもよい。

6 フライパンに油を引いて鶏の全面によい焼き色が付くまで焼く。塩、こしょうはしない。重たく回転しにくいので、やけどに注意！

◇ファルス

1 栗は半分に切る。マッシュルームはスライスにする。
2 豚挽き肉、生クリーム、パン粉、卵、パセリのみじん切り、塩、こしょう、ナツメグを混ぜ合わせ、少量をフライパンで焼いて味を確認する。
3 味を調整した後に1の栗とマッシュルームも混ぜる。

◇仕上げ

1 表面の脂をよく拭い、鶏にこしょうをすりこむ。腹の中に塩、こしょうを振り入れ、タイムとローリエを入れる。次にファルスを詰める。

2 腹を軽く縫う。あるいは楊枝で留めてもよい。

3 塩に卵白を加えて混ぜ、しばらく練ってまとめる。ローズマリーを混ぜる。

4 天板に紙を敷き、土台となるよう塩の固まりを薄く置く。鶏をのせる。

5 周囲を覆うように塩をつけていく。

6 ピンクペッパーと黒こしょう（粒）を表面に埋め込む。180℃のオーヴンで1時間焼く。

＊鶏を塩釜で覆う前に、脂は十分に拭き取ってください。そのまま覆うと、塩が均一に付きにくく、焼き上がりの皮に塩がぱらぱらと残ったところはとても塩辛い仕上がりになってしまいます。

◇さばき方

1 表面をたたいて塩の皮を外し、ももの骨をはずす。ひざの関節にナイフを入れて切り離して供する。

2 胸骨の軟骨にそってナイフを入れる。

3 軟骨に沿って左右の肉をはずす。胸肉はそれぞれ二つに分けて供する。

4 腹の中の詰め物も取り分ける。

Choux farcis braisés
ミニシュー・ファルシーのブレゼ（蒸し煮）

一言で言えば、フランス版ロールキャベツ。オーヴェルニュの地方料理で、本来は、本物のキャベツくらいに大きく作り、切り分けて食べます。現地で食べたときは中からご飯粒が出てきてびっくりしました。

材料（2人分）

キャベツの外側の葉　2枚
スライスベーコン　1枚

ファルス（詰め物）
　合挽き肉（あるいは豚挽き肉）　120g
　玉ねぎ（みじん切り）　60g
　にんにく（みじん切り）　1/2かけ
　タイム　1つまみ
　米　12g（大さじ1弱）
　＊冷やご飯30g（大さじ2程度）でも可

卵　1/3個（20g）
パセリ（みじん切り）　大さじ1
塩、こしょう　各適量

蒸し煮

ベーコン（5mm幅）　スライス2枚
玉ねぎ（みじん切り）　大さじ3
にんじん（5mm角切り）　大さじ3
セロリ（5mm角切り）　大さじ3
鶏のフォン（P.95参照）　200mℓ　＊水でも可
バター、塩、こしょう　各適量
ブーケ・ガルニ　1束

付け合わせ
にんじん（ココット）　2個
かぶ、あるいは大根（ココット）　2個
じゃがいも（ココット）　2個
ズッキーニ（ココット）　2個
＊ココットとは、ラグビーボールのような形に面取りしたもの。

PLAT

作り方

◇シュー・ファルシー

1. キャベツの葉を1枚ずつ丁寧にはがし、3分ほど塩茹でする。水気をよく拭く。
2. ファルスを作るために玉ねぎとにんにくをバターでシュエし、タイムを入れる。冷ましておく。
3. 湯を沸かし、塩少々と油少々を入れ、米を10分ほど茹でる。
   ＊芯が残っていてよい。
4. 挽き肉に塩とこしょうを混ぜ入れる。次に2の玉ねぎと3の米、卵、パセリを混ぜる（ファルス出来上がり）。
5. 4を少しフライパンで焼いて味を見て、必要なら塩、こしょうする。2等分にする。

6. キャベツの芯の部分をはずし、半分に切る。

7. 葉の外周を重ねるように置く。

8. 合わせた辺りに、ファルスの半分を丸く置く。葉の余分を切り落とす。

9. 切り落とした葉1枚をファルスの上に置き、残りのファルスの2/3を丸く置く。

10. もう1枚の切り落とした葉と残りのファルスを置き、ピラミッド状にする。

11. 形を整えながらボール状に丸める。

12. シューのサイドに細長く半分に切ったベーコンスライスを巻き付け、凧糸で軽くしばる。

◇蒸し煮

1. ベーコンと玉ねぎを大きな平鍋に入れて、バターでゆっくり10〜15分ほどシュエする。
2. にんじんとセロリを加える。
3. 鶏のフォン、ブーケ・ガルニを入れ、軽く塩、こしょうをする。シュー・ファルシーを置いてアロゼ（液体を回しかけること）する。煮汁をいったん沸騰させ、蓋をする。
4. 180℃のオーヴンに蓋ごと入れ、15分間蒸し煮にする（ガスコンロの場合は弱火で15分火を入れる）。金串で刺してにじみ出てくる汁が透明であればできあがり。
5. シュー・ファルシーを皿に取り出し、温かいところに置く。残った液体を強火で煮立てて少々煮詰め、塩、こしょうで味を調える。

◇付け合わせ

1. それぞれの野菜を、ココットに面取りする。
2. にんじんとかぶは、別々にグラッセ（小鍋にひたひたの水、砂糖、塩少々、バター1片を加えて軟らかくなるまで煮る）にする。水分がほとんどなくなったら、転がしながら照りを出させる。
3. じゃがいもとズッキーニはそれぞれ塩茹でする。

＊フォンがない時は、蒸し煮用のベーコンを50gに増やし、水で代用できます。（あっさりめの仕上がり）。市販の粉末ブイヨンを利用しても。

＊キャベツは多めに巻き込んだほうがおいしく出来上がります。左頁の写真は縮緬キャベツを使っています。

PLAT

Travers de porc laqués au miel
スペアリブの蜂蜜ラッケ

ラッケとは「つやのある」という意味です。フランスの家庭料理スペアリブのラッケは、私の中では「フランス的照り焼き」です。

材料（2人分）

豚スペアリブ肉　500g
植物油　適量

マリネ液
　はちみつ　大さじ2 1/3（50g）
　赤ワインヴィネガー　大さじ2
　オリーヴ油　大さじ2
　醤油　大さじ2
　カトルエピス*　小さじ1
　にんにく（みじん切り）　2かけ分
　＊4つのスパイスの意味で、こしょう、ナツメグ、クローヴ、シナモンまたは生姜のミックス。市販品だが、なければ、あるものだけで。

付け合わせ
　りんご　1個
　バター、塩、こしょう　各適量

じゃがいものピュレ
　じゃがいも　2個（200g）
　バター　20g
　牛乳　100ml
　塩、ナツメグ　各適量

作り方

1　マリネ液の材料をボウルに入れ、ぬるい湯煎にかけてはちみつを溶かす。
2　豚スペアリブ肉を1のマリネ液に浸け、常温で30分〜1時間マリネする。途中何度も回転させ、まんべんなくマリネ液を浸み込ませる。　＊スペアリブを長時間マリネ液に浸けると、甘くなりすぎるので要注意。
3　フライパンを温めて軽く油を引き、スペアリブを回転させながら軽く焼く。
4　180℃のオーヴンに20分入れる。途中、5分ごとに残ったマリネ液をかけて、回転させながら焼く。　＊フライパンのまま弱火で蓋をして焼いてもよい。後半は蓋をとる。

◇付け合わせ
1　りんごは皮と芯を除き、くし形切りにする。
2　フライパンにバターを熱してりんごを色よく焼き、塩、こしょうをする。

◇じゃがいものピュレ
1　じゃがいもは、水から塩茹でして皮をむき、ざるで裏ごしする。　＊塩はしっかりめに入れる。
2　バターを角切りにしてよく混ぜ込む。　＊ここまで手早く熱いうちに。
3　牛乳を温め、かき混ぜながら少しずつ、8割程度加えていく。
4　塩とナツメグで味を調える。　＊好みでこしょうや生クリームもよい。
5　供する前に残りの牛乳で軟らかさを調節し、空気を含ませるつもりでヘラでかき立てる。
　＊供するまでに時間があるときは湯煎にかけて温かくしておく。

Potée

ポテ

豚肉は、塩でしばらく漬けただけ（プチ・サレ petit salé）で、旨味がぐんとアップ。これを野菜と一緒にコトコト煮たポテは、シンプルな味わいながら、身体に染み渡るおいしさです。

材料（約3人分）

豚バラ肉　250g
豚肩ロース肉　250g
塩、砂糖、こしょう　各適量
水　1.5ℓ
ブーケ・ガルニ　1束
玉ねぎ　1/2個
クローヴ　1個
にんじん（ココット）　1本分
大根（ココット）　150g（7cm）
セロリ　1本
キャベツ　1/6個
じゃがいも　2個
ディジョンマスタード　適量

作り方

◇豚肉の塩漬け（プチ・サレ）

1. 豚肉に重さの2％の塩こしょう（250gに5g）と1％の砂糖（同2.5g）、0.2％のこしょう（同0.5g）をすりこみ、ラップに包む。＊むやみに素手で触らない。
2. 密封できる袋に入れて、冷蔵庫で4〜5日寝かす。ときどき上下を返す。＊1日でも可。
3. 肉を取り出し、よく洗う。

◇ポテ

1. 鍋に水（肉の重量の3倍程度）を入れ、塩漬け豚肉とブーケ・ガルニを入れる。＊塩は入れない。
2. 強火にかけて沸騰させ、アクをよくすくう。火を弱め、静かに2時間煮る（a）。
3. クローヴを刺した玉ねぎ、大きく面取りした（P.68参照）にんじんと大根、棒状に切ったセロリを入れる。弱火でさらに30分ほど煮る（b）。
4. じゃがいもは皮を剥いて、適当な大きさに切り、別の鍋で茹でる。後半に塩を加える。
5. くし形切りにしたキャベツを3に入れて軽く煮たら、じゃがいもも入れて温める。塩、こしょうで味を調える。
6. 肉を切り分け、野菜とともに深皿に盛り付ける。マスタードを添える。

a　　b

Porc aux lentilles

豚肉とレンズ豆の簡単煮込み

レンズ豆は美味しいうえに、水に浸けて戻す必要もなく、便利です。ベーコンとよく合わせて使われます。端正に煮ても、ちょっと煮崩れても、おいしいものです。

材料（4人分）

豚肩ロース肉　250g
　（約2cm厚1枚）
ベーコン（ブロック）　200g
ソーセージ　2本
緑レンズ豆　200g
水　600㎖
ブーケ・ガルニ　1束
トマト　1個
玉ねぎ　小1/2個
セロリ　1本
にんじん　1本
パセリ（みじん切り）　適量
植物油、塩、こしょう　各適量

作り方

1 豚肉に塩をすり込み、弱火にかけたココット鍋に油を引き、ゆっくり焼き色をつける（a）。＊強火にしない。これが旨味のもとになるので、じっくり丁寧に。

2 ベーコンブロック、さっと洗ったレンズ豆、水（肉類が浸かりきらないときは少量足す）、ブーケ・ガルニを入れて一煮立ちさせ（b）、アクをすくう。軽く塩をして、弱火で蓋をして20分ほど煮る。

3 トマトは皮を湯むきして1cm角、玉ねぎはくし形切り、セロリは筋を取って4〜5cmの長さに切る。にんじんは厚めの輪切りにして、面取りする。

4 レンズ豆の鍋に野菜類とソーセージを入れる（c）。蓋を取り、さらに20分煮る。

5 レンズ豆が軟らかくなったら塩、こしょうで味を調え、パセリを散らす。

a

b

c

＊ここでは仏ル・ピュイ産緑レンズ豆を使用しています。もっと短時間で煮えてしまうものの場合は、逆算して早めに野菜類、ソーセージを投入してください。

PLAT

Braisé de porc à la moutarde
豚肉のブレゼ、粒マスタード風味

イベントや教室で、繰り返し作ってきたメニューです。ブレゼ（蒸し煮）にした豚ロースト肉の、ほろっとした軟らかさが楽しめます。ソースの粒マスタードがいい仕事をします！

材料（4人分）
豚肩ロース肉（ブロック）　600g
塩、植物油、バター　各適量
じゃがいも　小4個

ソース
　香味野菜（玉ねぎ、にんじん、セロリなどの角切りを合わせて　100g
　にんにく　1かけ
　白ワイン　150mℓ
　ブーケ・ガルニ　1束
　粒マスタード　大さじ1 1/2～2
　生クリーム（乳脂肪分47％）　50mℓ
　塩、こしょう　各適量

作り方
1. 肉を室温に戻す。塩をまんべんなくすりこみ、凧糸で縛る。
2. 鍋を中火で熱して油を引き、肉の全表面をゆっくり焼き固める。
3. 肉から出てきた脂を紙で吸い取る（a）。※旨味をこすりとらない。
4. 香味野菜、半割りにして芽を除いたにんにくも入れて炒める（b）。
5. 白ワイン、皮をむいたじゃがいも、ブーケ・ガルニを入れる。
6. いったん沸騰させてから肉の上にバターをのせ（c）、蓋をして130℃のオーヴンに入れる。途中豚肉の上下を回転させ、合計で1時間程度蒸し煮にする（d）。
7. じゃがいもと肉を取り出し、肉は紙をかぶせてときどき回転させながら温かいところで休ませる。にじんできた肉汁はソースに入れる。
8. 6、7の汁を煮立て、半量程度まで煮詰めてから漉す。
9. 粒マスタードを少量の8で溶きのばしてからソースに戻す。生クリームを入れ、塩、こしょうで調味する。
10. 肉は薄くスライスして皿に盛り、ソースをかけ、じゃがいもを添える。

a

b

c

d

＊ガスコンロだけで加熱する場合は、きっちり蓋をしてごく弱火にして、50分程度火を入れます。ときどきチェックして、もし水分が極端に減っていたら、少し水を足してください。

Mijoté de bœuf au vin rouge
牛肉の赤ワイン煮込み

牛肉の硬い部位もマリネにして、コトコト煮ると軟らかくおいしく食べられます。肩肉のほかに肩バラ肉、バラ、みすじ、すね肉なども混ぜると、味に奥行きが出ます。

材料（2人分）
牛肩肉　400g
植物油　適量

マリネ液
　赤ワイン（フルボディ）　250ml
　玉ねぎ　120g
　にんじん　50g
　セロリ　1/2本
　にんにく　1かけ
　ブーケ・ガルニ　1束
　コニャック　大さじ1

煮込み用
　マリネに使った香味野菜
　マリネに使った赤ワイン
　トマト　1個（150g）
　ベーコン（棒状に切る）　50g
　バター　大さじ1
　コニャック　大さじ1
　小麦粉　大さじ1弱
　植物油、塩、こしょう　各適量
　水　50ml（2倍量作るときは、不要）

付け合わせ
　ブロックベーコン（棒状に切る）　50g
　マッシュルーム　適量
　パセリ（みじん切り）　大さじ1

＊マリネするのは1晩よりも2晩がおすすめ。いっそう香り高い仕上がりになります。
＊煮込みは絶対にぼこぼこに沸かしてはいけません。ぱさぱさになってしまいます。
＊大きすぎる鍋は水分の蒸発を招き、結果的に沸きやすくなってしまいます。

作り方

◇マリネ
1. 牛肉を4〜5cm角に切る。ボウルに入れ、赤ワイン、コニャックを回しかける。
2. 大きめの角切りにした玉ねぎ、にんじん、セロリ、芽を取り除いたにんにく、ブーケ・ガルニも加え、ラップをして冷蔵庫で一晩マリネする。ときどきかき混ぜる。

◇煮込み
1. マリネしたものを漉し、肉、野菜、ワインに分ける。
2. 煮込み用の鍋にバターをひき、香味野菜をごく弱火でシュエし、ベーコンも加えて炒める。鍋底に程よい焼き色がつくまで約15分。
3. 肉は水気をよく拭いて塩をふり、中強火のフライパンに油を引き、表面に焼き目を付ける。
　＊フライパンには2回に分けて入れ、きれいな焼き目をつける。
4. 2の煮込み鍋に肉を入れる。3のフライパンはコニャックでデグラッセ（液体で、鍋底のうま味を溶けのばすこと）し、煮込み鍋に入れる。
5. 上から小麦粉をふり、オーヴンに2〜3分入れ、（ガスのみの場合は鍋底で炒めてから）混ぜ込む。
6. マリネに使った赤ワインとブーケ・ガルニ、さらにトマト（ざく切り）と水を加え、火にかける。軽く塩、こしょうをする。
7. 沸騰したらアクをすくい、蓋をして180℃のオーヴンに2時間ほど入れる。途中で必要なら水を少量加え、底が焦げないように注意する。ガスの場合は蓋をしてとろ火で2時間〜2時間半。沸かさないように。
8. この間に、付け合わせ用のベーコンは油を引かないフライパンでゆっくりと炒める。マッシュルームは油とバター（分量外）でソテーする。
9. 肉が軟らかくなったら取り出し、残りは漉す。できたソースを沸かし、浮かんできた脂を捨て、少し煮詰めてとろみを調節する。
10. 肉を鍋に戻し、8を加えて温め、塩、こしょうで味を調える。パセリのみじん切りを散らす。

PLAT

Pavé de bœuf pôelé
牛肉のランプステーキ

ランプはもも肉の軟らかい部分のこと。適度にさしの入ったものを選べば赤身と脂身の両方の美味しさが味わえる上品なステーキになります。その日の赤ワインを、少しだけ使ってソースに！

材料（2人分）
牛もも肉　200g（ランプ1切れ）
塩、こしょう　各適量
セロリの葉（素揚げ）
　黒こしょう（粗みじん）
　シブレット（小口切り）
　ゲランドの塩の花　各適量
植物油　適量

じゃがいものピュレ（作り方 P.70 参照）
　じゃがいも　大1個（150g）
　バター　12g
　牛乳　90㎖
　塩、ナツメグ　各適量

ソース
　バルサミコヴィネガー　大さじ2
　赤ワイン　大さじ4
　バター（1cm角）　2個

作り方

1　もも肉は常温に戻し、塩をする。
　＊この段階でこしょうをすると焦げて香りを失う。

2　まず片面（美しく見せる方）を油を引いた弱火のフライパンで焼く。焼き色が付いたら裏返し、バターをのせる(a)。何度もアロゼ（油脂を回し掛けること）する。

3　指で押して確認し、両面に同じくらいの火が入ったら(b)、サイドもさっと火を入れる(c)。

4　取り出し、こしょうを振ってアルミ箔をかぶせ、温かい場所で休ませる(d)。途中裏返して全体に肉汁を回す。

5　ソースを作る。肉を焼いたフライパンに紙をあて、脂だけを吸い取らせる。　＊こすらない。

6　バルサミコヴィネガー、次に赤ワインを入れる。沸き立ってきたら、木べらでフライパンの底をこそげ、旨味を浮かび上がらせる。

7　茶こしで漉して小鍋に入れ、煮詰める。4からにじみ出た肉汁も加える。塩、こしょうをして、最後にバターの角切り（冷たいもの）を入れ、泡立て器でかき立てる。

8　肉をスライスして、皿に盛る。ソース、じゃがいものピュレなどを添える。

◇添え

1　セロリの葉は素揚げにして、軽く塩を振る。
2　黒こしょうは砕くか、粗みじんに切る。
3　シブレットの小口切りとゲランドの塩を散らす。

a　　　　　　　　b

c　　　　　　　　d

DESSERTS
締めくくりは、デザートあればこそ

デザートには、火を入れた果物のおいしさ、温冷の組み合わせの妙、ソースを添える楽しさ、などなどの喜びがあります。
ここでいうデザートは、目の前にいる人と「今の瞬間」を楽しむための甘いもののこと。つまりお菓子屋さんに並ぶお菓子とは少しあり方が違うのです。ちなみにフランスの人々には「お酒か甘いものか」などという問いはなく、食事はみんなデザートで締めくくります。
私が食後に甘いものなしではいられなくなってしまったのは、これが原因かもしれません！

Fraises au champagne
いちごとシャンパーニュ

一手間ですが、いちごをシャンパンで浸けておくと、いちごにはシャンパンの味が入り、シャンパンにはいちごの色と香りが移って素敵な味わいに。

材料（2人分）

いちご　150g
シャンパーニュ　大さじ4
ミント、卵白、グラニュー糖　各適量

マセラシオン（浸け込み用）
グラニュー糖　大さじ1 1/3
シャンパーニュ　大さじ2

作り方

1. いちごを洗い、2～4分割にする。
2. マセラシオン用の材料をいちごに回しかけ、冷蔵庫に1時間ほど入れる。ときどき上下を返す。
3. ミントの葉に刷毛でごく薄く卵白を塗り、グラニュー糖をまぶす。常温において乾燥させる。
4. 器にいちごを盛り付け、浸け込み液を少々入れる。シャンパーニュを静かに流し入れ、ミントの葉を飾る。

ホワイトチョコレートの飾り

本来チョコレートはテンパリングを施してから使いますが、ここでは市販のチョコを使った簡易な方法をご紹介します。

1. ホワイトチョコレート30gをぬるい湯煎にかけて32℃を超えないように溶かす。温度計がない場合は、チョコが溶けるぎりぎりの温度で。もしも少し超えた場合は、よくかき混ぜたほうが安定しやすい。
2. 硬めのプラスティックフィルムにナイフで伸ばし、フォークで筋をつける。
3. フィルムごとひねった状態で1時間以上冷蔵庫に入れる。＊時間をおいたほうが安定する。
4. フィルムをはがして、チョコを取り出す。

DESSERT

Verrine citron vert-ananas

ライムとパイナップルのグラスデザート

グラスデザートのよさは、ゼラチンの固さをぎりぎりに設定できることです。つるんとした、とろけるようなおいしさを、ぜひ夏のデザートで！

材料（グラス2杯分）

ジュレ
- ライム果汁　大さじ1 2/3（25㎖）
- 水　大さじ5（75㎖）
- グラニュー糖　大さじ2（24g）
- 板ゼラチン　1.5g
- ライム果皮（すりおろし）　少々

パイナップルのコンポート
- パイナップル　約1/6個（100g）
- 水　100㎖
- グラニュー糖　大さじ3（36g）
- ミント　適量

*板ゼラチンの強度はメーカーによって若干違うので、それぞれに調整してください。
*ここではゼラチンは標準量（箱に表示）の60％の使用量にし、冷蔵庫に入れてから2〜3時間後に食べる設定で作っています（1時間では固まりません）。またゼラチンは十数時間後にむけ、徐々に固くなる性質があります。

作り方

◇ジュレ

1. 板ゼラチンはたっぷりの氷水（分量外）に浸けてふやかす。
2. ライム果汁と水を合わせる。この半量と砂糖を小鍋に入れて軽く火に掛け、よくかき混ぜて砂糖を溶かす。
   *沸かさなくてよい。
3. ここに水を切った板ゼラチンを加えて混ぜる。
4. 残りの果汁と3のゼラチン液を合わせる。ライムの果皮のすりおろしを散らす。
5. グラスに注ぎ、粗熱が取れたら、冷蔵庫で冷やし固める。

◇コンポート

1. パイナップルは皮と芯を取り、5㎜角の棒状に切る。
2. 水と砂糖を合わせてひと煮立ちさせる。パイナップルとミントを入れ、すぐに火を止める。粗熱が取れたら冷蔵庫でしっかり冷やす。
3. 香り付け用のミントははずし、別のミントのせん切りを加えて混ぜる。
4. ジュレにのせて供する。

DESSERT

Limonade glacée
リモナード・グラッセ

じりじりと暑い夏の最中、お菓子講座に来て下さる方々へのねぎらいとして、毎年ソルベの種類を変えながら作っています。冷やした白ワインやスパークリングワインをかければアペリティフにも。

材料（6人分）

レモン果汁　　50㎖
グレープフルーツ果汁　50㎖
水　　130㎖
牛乳　　90㎖
水あめ　　50g
グラニュー糖　　80g
炭酸水　適量　＊ペリエがおすすめ！
レモン（スライス）、ミント　各適量

作り方

1　炭酸水とグラスを冷蔵庫に冷やしておく。
2　水、牛乳、水あめ、砂糖を鍋に入れて火に掛け、一煮立ちさせる。
3　2のシロップが冷めたら果汁を合わせる。
4　充分に冷やしてから、アイスクリームマシンにかける。ない場合は、下記を参考にソルベを作る。
5　ソルベをグラスに入れ、いったん冷凍庫に入れる。
6　充分に冷えて固くなったら、静かに炭酸水を注ぎ入れる。
7　レモンとミントを飾る。

 **ソルベの作り方**　[アイスクリームマシンがない場合]

〈方法1〉
材料を煮溶かし、果汁を加えた液体（上記3）をバットに流し、冷凍庫で固める。固まったらフォークで削るように砕き、再び冷凍庫に入れる。これを何度か繰り返す。

〈方法2〉
同様にバットで固まったものをフードプロセッサーにかけても良い。この場合、仕上がりがねっとりする。一度でもよいが、再冷凍しもう一度かけるとよりなめらかに。

Fruits tropicaux, cappuccino à la banane

トロピカルフルーツ、バナナ風味のカプチーノ仕立て

夏の果物を何でも取り合わせて、どうぞ。バナナのカプチーノは、冷たい牛乳のままでも泡立ちますが、先に軽く火を入れておくと泡が長持ちします。

材料（2人分）

マンゴーのソルベ
- マンゴー（正味）　200g
- 水　100mℓ
- グラニュー糖　大さじ3
- 水あめ　30g
- レモン汁　小さじ2

バナナ風味のカプチーノ
- バナナ（完熟）　40g
- 牛乳　150mℓ
- グラニュー糖　大さじ1
- ヴァニラの種　少々

トロピカルフルーツ
- パイナップル、マンゴー、キウイ、パパイヤなど合わせて200g

ドライパイナップル
- パイナップル
- 水　80mℓ
- グラニュー糖　120g
- レモン汁　小さじ1弱

作り方

◇ドライパイナップル（飾り用）
1. パイナップルは皮を剥き、ごく薄いスライスにする。
2. 水と砂糖をひと煮立ちさせ、冷ましてレモン汁を入れる。1のパイナップルを3分ほど浸す。
3. 水気を拭い、80～90℃のオーヴンで1時間30分ほど乾燥させる。

◇ソルベ
1. マンゴーは角切りにする。
2. 水、砂糖、水あめを入れてひと煮立ちさせる。マンゴーを入れ、再沸騰したら火を止める。そのまま冷ます。全部をフードプロセッサーにかけ、ざるで漉す。レモン汁を加える。
3.
4. 十分に冷やしてから、アイスクリームマシンにかける。
5. 無い場合はP.80を参考に、冷凍庫で冷やし固める。

◇組み立て
1. トロピカルフルーツを8～10mm角に切り、混ぜ合わせる。グラスに入れて、冷蔵庫で冷やす。
2. カプチーノの準備をする。バナナは皮と筋を取り、フォークで潰す。牛乳、砂糖、ヴァニラの種（さやを裂いて取り出す）を加え、弱火にかけて沸かさない程度に温めてから冷蔵庫で十分に冷やす（5℃を目指す）。
3. 1のグラスの上にソルベをのせ、ドライパイナップルを飾る。
4. 2を泡立て、3に流し入れる。

Douceur yaourt à la compote de mangue
ヨーグルトのデザート、マンゴーのコンポート添え

フランスではよくデザートにフロマージュ・ブランを使いますが、ここではその代用として、水を切ったヨーグルトで夏のデザートを作ってみました。

材料（2人分）
ヨーグルト　200g→水切り後 100g
生クリーム（乳脂肪分35%）
　大さじ4（60ml）＊47%のときは50ml
グラニュー糖　大さじ1 2/3
レモン汁　小さじ1
レモンの皮　1/2個分

マンゴーのコンポート
| マンゴー　1/2個（150g）
| レモン汁　大さじ1 1/3～1 2/3
| グラニュー糖　大さじ1 2/3
| ヴァニラのさや　1/4本
| タピオカ（極小）　小さじ2

添え
| アーモンド　少々
| ブラックベリー　2個
| ミント　少々

作り方
1 ヨーグルト200gをコーヒーのペーパーフィルターに入れ（キッチンペーパーでも可）、冷蔵庫で3時間ほど水分を切る。100gの水切りヨーグルトを準備する。
2 砂糖、レモン汁、レモンの皮のすり下ろしを加えて混ぜる。
3 別のボウルに生クリームを泡立て、2のヨーグルトと合わせてさっくりと混ぜる。冷蔵庫でしっかりと冷やしておく。

◇マンゴーのコンポート
1 小鍋に1cm角に切ったマンゴー、レモン汁、砂糖、ヴァニラのさや（裂いて、種をこそげておく）を入れ、ひと煮立ちさせる。粗熱が取れたら、冷蔵庫で冷やす。
2 味見をしてしっかりと酸味が感じられるところまでレモン汁を足す。＊マンゴーの完熟の度合いによる。
3 タピオカを15分ほど茹でて、ざるに取る。冷めたらコンポートに加える。

◇組み立て
1 アーモンドをオーブントースターで軽く焼き、冷めたら包丁で刻む。
2 深皿にマンゴーのコンポートを敷く。
3 湯につけたスプーンでヨーグルトをクネル（P.87参照）にして取り、皿の中央にのせる。
4 アーモンドを散らし、ブラックベリーとミントを添える。

グラス仕立てにして、赤い果物を飾っても。底にはフランボワーズのピュレを入れています。

Blanc-manger
ブラン・マンジェ

ブラン・マンジェとは「白い食べ物」という意味の、中世の頃からある古いデザートです。形が保てるギリギリの量のゼラチンで固め、ふるっ、とろんとした食感と、ほのかなアーモンドの風味を楽しんでください。

材料（プリン型4～5個分）

アーモンド（スライスかダイス）　120g
牛乳　350㎖
グラニュー糖　大さじ5（60g）
板ゼラチン　4g
生クリーム（乳脂肪分35％）　120㎖
アマレット　小さじ2
＊ビターアーモンド風味のイタリアのリキュール。なくても可。

添え
| いちご　適量
| バラの花びら（食用）、卵白、
| グラニュー糖　各適量

作り方
◇添え
1　バラの花びらに刷毛で卵白を塗り、グラニュー糖をまぶして常温で乾燥させる。
2　いちごの一部をざるで裏ごしし、必要なら砂糖を加える。残りはスライスし、冷蔵庫に入れておく。

◇ブラン・マンジェ
1　板ゼラチンをたっぷりの氷水（分量外）でふやかす。
2　鍋にアーモンド、牛乳、砂糖を入れ、軽く混ぜながら中火にかける。沸いたら弱火にして3分待って火を止め、蓋をして3分おく。目の細かいシノワで濾し、レードルで強く上から押して絞る。
3　漉した液体に水気を切った1の板ゼラチンを入れ、泡立て器でよくかき混ぜる。
4　粗熱が取れたらアマレットを加え、かき混ぜながら氷水にあてて冷ます。
5　とろみが付いてきたら、泡立てた生クリームの半量を加え泡立て器で混ぜる。これを残りの生クリーム半量に戻し、ゴムベラで混ぜる。
6　型を水で濡らし、生地を流し込む。冷蔵庫で約2時間、冷やし固める。
7　型を沸いている湯に一瞬だけ浸けて、冷やした器にあける。
8　いちごのスライスを周囲に飾る。いちごの裏ごしとバラの花びらを添える。

＊もっと大きい型の場合は保形のためにゼラチンを少し増やす必要があります。さらに食感が固いと、味を感じにくくなるため砂糖も増やします。逆に器から出さず、すくって食べる場合、ゼラチンは少し減らします。

DESSERT

Œuf à la neige au coulis de kiwi
ウッフ・ア・ラ・ネージュ、キウイのスープで

ウッフ・ア・ラ・ネージュ（泡雪）は本来メレンゲをアングレーズソースに浮かべたデザートです。ここでは酸味のある、さわやかな甘さのキウイのスープに浮かべてみました。

材料（2人分）

メレンゲ
卵白　1個分（35g）
グラニュー糖　大さじ1 2/3（20g）
ライム果汁　小さじ1/2強（3g）
ライムの果皮（すりおろす）　少々

茹で汁
水　180ml
牛乳　120ml

キウイのスープ
キウイ　2個

作り方

◇メレンゲ

1 卵白を泡立てる。7〜8分立てになったら、少量の砂糖を加えてさらに泡立てる。角がたったら残りの砂糖を雨が降るように加えて泡立てる。ライムの果汁も少しずつ加える。果皮もおろして混ぜる。

2 水と牛乳を合わせて小鍋に入れ、沸騰直前まで温める。　＊以降、沸かさない。

3 ティースプーンでメレンゲをクネルにし（P.87参照）、2に落とす。静かに2〜3分茹でる。　＊裏返さなくてもよい。

4 取り出して、粗熱を取る。冷蔵庫で十分に冷やす。

◇キウイのスープ

1 キウイはフードプロセッサーにかけるか、あるいは潰してざるで漉す。さらに茶こしで漉す。

2 味を見て、必要ならグラニュー糖（小さじ2杯程度）を加える。

3 冷蔵庫で十分に冷やしてグラスに入れ、メレンゲを浮かべる。

DESSERT

Bananes rôties
バナナのロースト

真っ黒バナナの味は、甘くてふわりとスパイシー。キャラメルソースがよく合います。バナナは完熟以外は、低温で長く焼いたほうが甘くなります。スパイスはお好みのものだけで！

材料（2人分）

バナナ　2本
スパイス（クローヴ、シナモンスティック、ヴァニラのさや、八角など）　適宜
くるみ　4個

キャラメルソース
　グラニュー糖
　　大さじ3 1/3（40g）
　水　大さじ1
　生クリーム（乳脂肪分47%）　80㎖

作り方

1　キャラメルソースを作る。砂糖に水を加えて火にかける。ほどよいキャラメル色になったら火を止めて、すぐに生クリームを加えて溶きのばす。冷ます。＊とろみは牛乳で調整する。
2　くるみは150℃で12分ほどローストしておく。冷めたら刻む。
3　バナナの皮の上からスパイス類を刺す。120℃のオーヴンで20〜25分焼く（完熟のときは170℃15分でも可）。
4　熱々のバナナを切って皿に盛り、キャラメルソースをかける。くるみを散らす。

Ananas rôti au miel de lavande
パイナップルの蜂蜜ロースト、ヴァニラアイス添え

温かいパイナップルは酸味もスパイスの香りもはっきりしていて大人味。ちょっとくせのあるラヴェンダーのはちみつが香ります。

材料（6人分）

パイナップル　小1個
バター　20g
グラニュー糖　50g
ラヴェンダーのはちみつ　50g
クローヴ　6個
ヴァニラのさや　1/3本
シナモンスティック　1/2本
八角　3片
ヴァニラアイスクリーム　適量

作り方

1　パイナップルは丸ごと皮を剥く(a)。斜めに溝を切りながら、残った硬い部分を取り除く(b)。クローヴを刺す。

a

2　フライパンにバターを溶かし、砂糖、はちみつを入れて軽く焦がす。
3　耐熱の深皿にパイナップル、ヴァニラ、シナモン、八角を置く。溶けた2のキャラメルを全体に回し掛け(c)、160℃のオーヴンに入れる。

b

4　10分に1回程度の割合でアロゼ（液体を回し掛けること）しながら、合計1時間加熱する。最後20分の段階で様子をみながらオーヴンの温度を170〜180℃に上げ、キャラメルの色を濃くする。

c

5　切り分けて芯を除き、皿に盛る。キャラメルを回しかけ、熱々をヴァニラアイスクリームとともに供する。

Crumble aux fruits rouges, glace à la vanille
赤い果物のクランブル

温と冷を同時に楽しむデザートです。クランブルは冷凍しておけばいつでもすぐ使える優れもの。さくらんぼ、バナナ、マンゴー、パイナップル、洋梨、りんごを相手にほぼ一年中活躍します。

材料（4〜5人分）

赤い果物（いちご、フランボワーズ、ブルーベリーなど）
　適量

クランブル
　小麦粉　大さじ5（45g）
　バター　30g
　ブラウンシュガー　大さじ2 1/2（20g）
　シナモンパウダー　小さじ1/4（0.5g）
　アーモンド（ダイス）　大さじ1/2

アイスクリーム（ヴァニラ）
　牛乳　250ml
　生クリーム（乳脂肪分47％）　100ml
　卵黄　3個分
　グラニュー糖　大さじ5（60g）
　ヴァニラのさや　1/2本

作り方

◇クランブル
1. バターを角切りにし、他の材料と共にボウルに入れ、充分に冷やす。
2. 指で潰すようにしながら全体をそぼろ状にする。
　　＊やりすぎない。粉を残さない。
3. 冷蔵庫で固める。＊このまま冷凍可。
4. 深皿に果物を入れ、上にクランブルを散らす。
5. 220℃のオーヴンで15分、クランブルに軽い焦げ目が付くまで焼く。
6. アイスクリームをのせ、すぐに供する。

DESSERT

◇アイスクリーム

1
牛乳と生クリーム、半量の砂糖、ヴァニラの種とさやを合わせて火に掛け、沸騰しないように弱火で温める。

2
卵黄に残りの砂糖を混ぜ入れ、1の1/3量を卵黄に入れ、かき混ぜる。

3
1を火からはずして2の卵黄を戻し入れ、かき混ぜる。

◇フードプロセッサーを使う方法

※真冬以外は、フードプロセッサーの容器もできれば冷凍庫へ。

1
左6の原液をバットに流して冷凍庫に入れる。固まる寸前にフォークでかき混ぜる。これを何度かくり返す。

2
1をフードプロセッサーに軽くかける。これをバットに戻し、もう一度冷凍庫に入れて固めたら、再びフードプロセッサーにかけ、ほどよい固さになるまで回す。

4
火に戻し、木べらでかき混ぜながらとろみの出る状態（85℃程度）まで温める。木べらでチェックし、指のあとが残ればよい。

5
漉しながらボウルに移す。

6
氷水につけ、温度が下がるまでヘラで混ぜ続ける。このあと、冷凍庫でしっかり冷やしてから、アイスクリームマシンにかける。

*赤い果物（フリュイ・ルージュ fruit rouge）とは、赤や黒の果物をまとめた呼び方です。左頁の他には、さくらんぼ、ブラックベリー、カシス、房すぐり groseille、クランベリーなど、黒い果物も「赤い果物」の仲間とされます。

*アイスクリーム作りでフードプロセッサーを使う場合、固めて混ぜるのは1、2それぞれ1回ずつでもよいですが、複数回のほうがより、ふわっとあがります。

◇クネルにまとめる方法

1
ぬるま湯につけたスプーンでボウルの側面を使って適量、すくい取る。

2
スプーンをもう一本用意し、右、左とすくい続けて形を整えてもよい。

3
バットや皿の上に置き、冷凍庫で待機する。

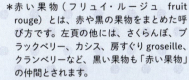

ココナツのロシェ

名前の意味は「ココナツの岩山」、別名コンゴレ congolais（コンゴの人）とも言います。町場では大きな四角錐や円錐状で売られますが、ここでは小さくプチフールとしてどうぞ。

材料（プチサイズ15個分）

卵白　1個分（35g）
グラニュー糖　70g
ココナツ（細）　85g
ヴァニラの種　少々

*成形は、ふわっと握っておいたほうがおいしく出来上がります。また保存を目的にしないなら、中心がまだぐにゃっとしているくらいの焼き上げがおすすめです。

作り方

1 ボウルに卵白と砂糖を入れる。湯煎にかけながらゆっくり攪拌し、45℃まで温める。*泡立てない。
2 湯煎からはずし、ココナツ、ヴァニラを加えて混ぜる。
3 常温に下がるまで、ゴムべらで2〜3分練る。
4 スプーンで生地をすくって天板におき、指を水でぬらして四角錐に整える。
5 180℃のオーヴンで9〜10分焼く。

DESSERT

Gâteau au yaourt
ヨーグルトのケーキ

フランスでは子どもが初めて作るお菓子の一つ。甘くて素朴なおいしさがあります。フランボワーズのジャムを添えてどうぞ！

材料（直径16cmマルグリット型1個分）

プレーンヨーグルト　120g
グラニュー糖　130g
卵　100g
小麦粉　80g
コーンスターチ　20g
太白胡麻油（白）　大さじ2
　＊他の植物油でも可
レモンの果皮（すりおろし）
　1/4個分

作り方

1. 型にバター（分量外）を塗る。ヨーグルトは常温に戻しておく。
2. 小麦粉とコーンスターチは合わせてふるう。
3. ヨーグルトに半量の砂糖を加えて混ぜる。油、レモンの果皮のすりおろしも混ぜる。
4. 別の大きめのボウルに卵と残りの砂糖を合わせ、湯煎にかけてかき混ぜながら人肌に温める。これをもったりするまで、しっかりと泡立てる。
5. 2の半量を3のヨーグルトのボウルに加えて混ぜる。
6. 残りの小麦粉は4の泡立てた卵に加え、ゴムべらでさっくりと混ぜ合わせる。
7. 6の卵生地の1/4量を5のヨーグルトに混ぜ、これをもとの6の卵生地に戻し入れ、さっくり混ぜる。
8. 型に流し入れ、180℃のオーヴンで30分焼く。

＊酸味のしっかりしたヨーグルトが向きます。
＊太白胡麻油は無味無臭のため、味の邪魔をしません。

フランボワーズのジャムの作り方

フランボワーズ（冷凍でよい）100gにグラニュー糖40gを加え、軽く煮詰める。

DESSERT

Flan à la pomme au caramel
りんごのキャラメル・フラン

フランとは、果物を型に並べて、卵、牛乳などで作った生地を流し込んで焼いた素朴なお菓子のこと。りんごのほかに洋梨とキャラメルも、またたまらない組み合わせです。

材料（2人分）

りんご（サンふじ）　1個
バター　適量
オレンジピール　10g
レーズン　10g
粉砂糖　適量

キャラメルソース
　グラニュー糖　大さじ3 3/4（45g）
　水　大さじ1（15㎖）
　生クリーム（乳脂肪分47％）
　　大さじ5（75㎖）

フラン生地
　卵　3/4個（45g）
　グラニュー糖　大さじ1 1/4（15g）
　牛乳　大さじ4（60㎖）
　小麦粉　大さじ1強（10g）
　シナモンパウダー　3つまみ

作り方

1. りんごの皮と芯を除き8等分のくし形切りにする。フライパンにバターを熱し、軽く焦げ目がつくように焼く(a)。バターを塗った耐熱容器に並べる。
2. キャラメルソースを作る。小鍋に砂糖と水を入れて火にかけ、焦がしていく。全体が濃いめのキャラメル色になったら火を止め、すぐに生クリームを加える。鍋の端まで掻き取って、全体になじませる（b、c、d）。
3. フラン生地を作る。ボウルに卵をとき、砂糖を加えて軽く泡立てる。牛乳、ふるった小麦粉、シナモンパウダーを加える。
4. ここに少し冷めたキャラメルソースを合わせる。
5. フラン生地をざるで漉しながらりんごの上に注ぎ入れる。オレンジピールとレーズンを散らす。
6. 170℃のオーヴンで20分ほど焼く。粉砂糖をふり、熱々で供する。

a

b

c

d

＊ジョナゴールドなどの果肉の軟らかいりんごの場合は、焼かずに生のまま使えます。洋梨の場合も、生のままで。

DESSERT

Gâteau au chocolat
ガトー・オ・ショコラ

大人味のガトー・オ・ショコラに、爽やかな生ミントティーを添えてみました。一緒にいかがでしょう。

DESSERT

材料（直径15cm クグロフ型1個分）

ブラックチョコレート　75g
生クリーム（乳脂肪分47%）　50ml
バター　75g
グラニュー糖　90g
卵白　2個分（70g）
卵黄　2個分（40g）
小麦粉　50g
ココアパウダー　20g

＊バターはしっかりと軟らかくしておきます。湯煎の近くで作業すると楽です。
＊ここではカカオ分70%のチョコレートを使っています。

生ミントティーの作り方

ポットにひとつかみのミントを入れ、熱湯をそそぐ。2～3分蒸らせば出来上がり。乾燥ミントにはないフレッシュなおいしさがあります。

作り方

1　型にバター（分量外）を塗っておく。小麦粉とココアは合わせてふるう。

2　チョコレートはぬるい湯煎にかけ、溶かす。生クリームを加えて混ぜ、30～40℃（真冬）程度にしておく。

3　バターをポマード状に軟らかくし、砂糖の2/3量を加えて白っぽくなるまですり混ぜる。

4　別のボウルに卵白を7～8分立てにし、残りの砂糖のうちの少量を加える。角がたつまで泡立てたら、残りの砂糖も雨がふるように振り入れ、こしの強いメレンゲにする。

5　3のバターに、2のチョコレートを一気に加えて、泡立て器で混ぜる。さらに卵黄を加えて混ぜる。続いて合わせておいた小麦粉とココアも混ぜ入れる。

6　5のボウルに4のメレンゲの1/3量を加えて混ぜ、これをもとのメレンゲに戻し、ゴムべらに持ち変えてさっくりと混ぜ合わせる。

7　まず半量を型に流し込み、型を台の上にトントンと軽く叩きつける。続けて残りも入れて160～170℃で25分焼く。

Crème caramel au thé earl grey
アール・グレイ風味のクレーム・カラメル

＊一晩寝かせてから食べる場合の設定です。当日食べる場合は、全卵を120gで作ると、ほぼ同じ固さになります。

材料（テリーヌ型（460ml）1台分）

牛乳　250ml
アール・グレイの茶葉　6g
水　大さじ2（30ml）
卵　100g
卵黄　1個（20g）
グラニュー糖　75g
ヴァニラのさや　1/4本

カラメル
　グラニュー糖 75g +
　　水　大さじ1 1/3
　水　大さじ2 1/3

昔ながらのしっかりめの食感なので、大きく焼いて取り分けることができます。プリンとは牛乳で作り（生クリームではなく）、一晩寝かせてから食べるもの、と教わって以来ずっとそうしています。

作り方

1　カラメルを作る。鍋にグラニュー糖と水大さじ1 1/3を入れ、煮詰める。しっかりしたカラメル色になったら火をとめる。水大さじ2 1/3を数回に分けて加え（飛び散るので注意）、すぐに型に流し入れる。冷めたら冷蔵庫で冷やす。

2　湯を沸かし、紅茶に大さじ2を量り入れ、蓋をして蒸らす。

3　牛乳、2の茶葉、半量の砂糖、ヴァニラのさやを鍋に入れ弱火にかけ、温める。軽く沸騰したらすぐに火を止める。

4　別のボウルに全卵、卵黄、残りの砂糖を混ぜ合わせ、3の牛乳を少しずつ注いでいく。

5　これを漉して型に注ぎ入れ、湯煎（少なくとも型の高さの半分の位置までの湯）にかける。

6　150～160℃のオーブンで1時間ほど焼く。竹串を刺して何もつかないことを確認する。

7　一晩冷蔵庫で冷やす。サイドを細身のナイフで切り、皿にあける。

Compote de poires aux épices
スパイス香る、洋梨のコンポート

熟してきて、「今日が食べ頃」という、まさにその日に煮止めた洋梨は、この上なく香り高く、軟らかく、甘美。秋の訪れとともに、冬に入るまで、私は繰り返しコンポートを作ります。

材料（2人分）

洋梨（小さめ）　2個
レモン 1/4 個
水　300㎖
グラニュー糖　150g
ヴァニラのさや　1/4 本
八角　1個
シナモンスティック　1本

チョコレートソース
| ブラックチョコレート　40g
| 牛乳　50㎖

作り方

1. 水、砂糖、ヴァニラのさや、八角、シナモンスティックを鍋に入れ、弱火にかける。沸騰したら火を止め、蓋をしてしばらく置く（香りを立たせるため）。
2. 洋梨は柄を残して皮を剥き、細身のナイフで底から芯をくり抜く。レモン汁で色止めする。
3. 1の鍋の蓋を取り、再度沸騰させる。ここに2の洋梨をレモンとともに浸ける。再沸騰したら、全体がシロップにつかる状態で3分ほどごく弱火で煮る。シロップに浸かりきらないときは、片面ずつ煮る。
4. 火を止め、シロップに浸けたまま冷ます。浸かりきらないときは、時々裏返しながら。＊洋梨を空気に露出させない（褐変しないよう）。特に最初の5～10分が重要。
5. 常温まで冷めたら、冷蔵庫で冷やす。

◇チョコレートソースかけ

1. チョコレートを刻み、湯煎にかけて溶かす。
2. 湯煎で温めた牛乳を、4～5回に分けて加えて泡立て器で混ぜ、きれいに乳化させる。
   ＊チョコレートのカカオ分の％と気温によって、固さは違います。硬すぎるときは少量の牛乳で調整してください。
3. 洋梨を皿に盛り、柄からチョコレートソースを垂らす。

DESSERT

Aumônière au glace chocolat
チョコレートアイスの
オーモニエール

オーモニエールはかつての修道僧が腰に下げた巾着袋のこと。クレープの中に詰め物をして、巾着状にきゅっと縛った料理やお菓子のことをオーモニエールと呼びます。

材料（6人分）

クレープ生地
- 小麦粉　100g
- 卵　1個（55g）
- グラニュー糖　大さじ2（25g）
- 塩　1つまみ
- 牛乳　220㎖
- 溶かしバター　20g
- ヴァニラのさや（使用済みを乾燥させたもの）　1本
  *なければポッキーで

チョコレートのアイスクリーム
- 牛乳　300㎖
- 卵黄　3個
- グラニュー糖　大さじ4 1/2（55g）
- ブラックチョコレート　35g
- ココアパウダー　大さじ3 1/3（20g）

ソース（6人分）
- アイスクリームの原液（P.87を参照して、1/2量で作る）
- チョコレートソース
  - チョコレート 40g ＋ 牛乳 50㎖

作り方

◇クレープ
1. ふるった小麦粉をボウルに入れ、中央をくぼませる。砂糖と塩、続いて溶いた卵をくぼみに入れる。
2. 泡立て器で卵から混ぜ始め、徐々に周囲の粉を混ぜ込んでいく。
3. 混ぜながら、牛乳を糸を垂らすように入れる。
4. 溶かしバターを混ぜ込み、1時間常温で休ませる。
   ＊冬場はバターが固まらないよう、温かい場所に置く。
5. ざるで漉し、バターを引いたクレープパンで薄く両面を焼く。

◇チョコレートのアイスクリーム
1. チョコレートを細かく刻み、牛乳、ココア、半量の砂糖とともに弱火にかけ、温める。
2. 後の工程はP.87のアイスクリームの作り方2以降に同じ。

◇チョコレートソース
1. チョコレートを湯煎にかけて溶かす。湯煎で温めた牛乳を、4〜5回に分けて加えて泡立て器で混ぜる。
2. きれいに乳化したら、いったん冷蔵庫で冷やす。
   ＊きちんと乳化していないと、模様のにじみの原因に。

◇組み立て
1. 皿にアングレーズソース（アイスクリームの原液）を広げる。
2. チョコレートソースの固さがアングレーズソースと同じくらいになったら、スプーンで少量を垂らし、竹串で一本線を引いて模様を作る(a)。　＊硬すぎるときは少量の牛乳で調整する。
3. アイスクリームをクレープの中央に置き、端から寄せて箸を刺して穴を作る。ここにヴァニラのさやを刺してソースの上に置く。
4. 皿の縁にココアパウダー（分量外）を散らす。

a

＊チョコレートのカカオ分の％と気温によって、チョコレートソースの固さは違います。ここではカカオ分56％のチョコレートを使用しています。

Mayonnaise
マヨネーズ

材料（作りやすい分量）

卵黄　1個
ディジョンマスタード　大さじ1
塩、こしょう　各適量
ワインヴィネガー　小さじ1/2
オリーヴ油（ピュア）　150㎖

作り方

1　卵黄、マスタード、塩、こしょう、ワインヴィネガーをよく混ぜる（a）。
2　少しずつ油を加えて乳化させる。まずは大さじ1程度加えて、泡立て器でよく混ぜる。これを数回繰り返す。油の総量のほぼ1/3量程度まで。
3　ふわっとし始めたら（同時に、泡立て器が少し重たく感じ始める）、糸を垂らすように油を加えて混ぜる（b）。
4　塩、こしょう、ヴィネガー、マスタード（それぞれ分量外）で味を調える。

＊分離しないように、すべての材料を常温にしておきます。
＊1でヴィネガーをたくさん入れると、乳化しにくくなります。ただしいったん乳化した後、4ではヴィネガーはたくさん入れても、もう分離はしません。
＊3で怖がらずにどんどんと油を入れれば、ふわっとしたマヨネーズになります。逆に混ぜる回数が多いほど、しっかり固めになります。
＊オリーヴ油は半量をエクストラヴァージンにすると、香り高くなります。ただし製品によっては苦みが出てくるので、ご注意を。

Vinaigrette
ヴィネグレット

材料（200㎖）

白ワインヴィネガー（赤ワインヴィネガー）　50㎖
塩、こしょう　各適量
オリーヴ油　150㎖
※マスタード入りの場合は、上記にディジョンマスタードを大さじ2加える。

作り方

1　ボウルにヴィネガー、塩、こしょう（必要ならマスタード）を入れ、泡立て器でよくかき混ぜる。
2　油を少しずつ垂らしながらかき混ぜ、乳化させる。

＊蓋付きの瓶に入れて冷蔵庫で保存できます。はちみつの入っていたプラスチック容器もおすすめ。そのまま振ればすぐ使えます。ただし満杯に入れて振ると液だれしてくるので、半分くらいまでに。また冬場のオリーヴ油は固まる可能性がありますが、常温に放置すれば戻ります。
＊ヴァリエーションはさまざまです。粒マスタードに変えたり、オイルを半分エクストラヴァージンに変えても。またみじん切りにしたエシャロットや玉ねぎ、刻んだハーブを加えるとぐんとおいしくなります。ニンニクのすりおろしを少し加えても。
＊シェリーヴィネガーにかえると、レストランの上質な味に！

Fond de volaille blanc
鶏のフォン（だし汁）

材料（約1L分）

鶏ガラ　3羽分（約1kg）
にんじん　1/2本（100g）
玉ねぎ　1/4個（50g）＋クローヴ1個
にんにく　2かけ
セロリ　1本
水　2ℓ
ブーケ・ガルニ※　1束
白こしょう（粒）　10粒

※ブーケ・ガルニ

本来はタイム、ローリエ、パセリの茎などをポワローの茎で包み、たこ糸で縛って使いますが、ポワローの茎がないときはガーゼで包んでください。

作り方

1. 鶏ガラは、しばらく水に浸けておく。かぶる程度の水で沸騰させる (a)。
2. いったん湯を捨て、鶏ガラを取り出し、適当な大きさのパーツになるよう手で割る (b)。
3. それぞれをよく洗い、脂や内臓、血管などを十分に取り除く。＊皮は残す。
4. 鍋に鶏ガラ、規定量の水、香味野菜、ブーケ・ガルニ、白こしょう（粒）を入れ沸騰させる。弱火にして、よくアクをすくいながら3時間ほど煮込む (c)。
   ＊濁るので、ぼこぼこに沸かさない。
   ＊首を持って振ったら、抜け落ちるところまで (d)。
5. ざるで漉す（押さない）。
6. ボウルを水にあてて、なるべく早く冷ます。
7. 上面にラップを張り、一晩冷蔵庫に入れる (e)。
8. ラップをはずし（脂が一気に取れる）、小袋に分けて冷凍保存する。

＊1kgのガラからはだいたい1ℓのフォンが取れますので、必要量のガラを買い求めてください。
＊本来は鶏ガラを小さく砕いてから茹でるのですが、大きな包丁を振り回すのは家庭では大変なので、ここではいったん茹でて、手で骨を割る方法をご紹介しています。この方法なら内臓や血管を効率よく外すことができるので、煮ている間に出てくるアクを格段に減らすこともできます。

a

b

c

d

e

• おわりに •

一緒にパリまで行って、料理をする幸せのひとときを美しい写真に留めてくださったカメラマン宮田昌彦さんに、深く感謝しています。優しく厳しく、確固たる信念を持って導いてくださった編集者の松成容子さん、デザイナーの吉野晶子さん、旭屋出版のみなさま、本当にありがとうございました。最後に、アトリエ・イグレックに通ってくださる皆さんのおかげでこの本ができました。ありがとうございました！

塚本 有紀

著者プロフィール
塚本 有紀 (つかもと ゆき)

横浜生まれ、滋賀育ち。京都外国語大学英米語学科卒業。1995年渡仏、ル・コルドン・ブルー・パリ校で料理とお菓子、ケータリングを学ぶ。2000年5月フランス料理・製菓教室「アトリエ・イグレック」を大阪に開講。「できる達成感を味わってほしい」と願いながら伝える丁寧な指導がモットー。小麦アレルギーを持つ人のための米粉のお菓子の開発と教室も開催中。著作に「パリ食いしんぼう留学記」(晶文社)、「ビゴさんのフランスパン物語」(晶文社)などがある。
http://www.yukitsukamoto.com

カメラマンプロフィール
宮田 昌彦 (みやた まさひこ)

1963年大阪生まれ、大阪芸術大学芸術学部写真学科卒業。株式会社エムツーフォト代表取締役。現在は大阪芸術大学デザイン学科及び株式会社ニコンイメージングジャパンにて講師も務める。著書に「儀 - 岸和田旧市だんじり祭」(遊タイム出版)、「刻字書の世界」(せせらぎ出版) などがある。
http://www.m2photo.net

special thanks to
　原　重夫・洋子
　Patrick Terrien
　Yann Kalliatakis
　久我　圭子 (料理アシスタント)

食器協力
エロージュ・ドゥ・ラ・サンプリシテ　Tel.075-708-6879
ビレロイ＆ボッホ 六本木ヒルズ店　Tel.03-5775-6620

野菜協力
農家民宿おかだ　Tel.0795-82-5058

あなたにもできる！
素敵なフレンチのごちそう

初版発行日　2016年7月6日

著　者　塚本 有紀
写　真　宮田 昌彦

企画・制作　有限会社たまご社
編　集　松成 容子
デザイン　吉野 晶子 (Fast design office)

発 行 者　早嶋 茂
制 作 者　永瀬 正人
発 行 所　株式会社旭屋出版
　　　　　〒107-0052
　　　　　東京都港区赤坂1-7-19　キャピタル赤坂ビル8階
　　　　　電話　03-3560-9065（販売）
　　　　　　　　03-3560-9066（編集）
　　　　　Ｆａｘ　03-3560-9071（販売）
　　　　　郵便振替　00150-1-19572
　　　　　ホームページ　http://www.asahiya-jp.com

印刷・整本　凸版印刷株式会社

※禁無断転載
※許可なく転載、複写ならびにweb上での使用を禁じます。
※落丁本、乱丁本はお取り替えいたします。

ISBN978-4-7511-1210-6
©Yuki Tsukamoto & ASAHIYA SHUPPAN CO., LTD. 2016　Printed in Japan